난처한 질문, 현명한 대답
The Bare Facts

모든 인간은 하나님의 형상을 닮은 존엄한 존재입니다. 전 세계의 모든 사람들은 인종, 민족, 피부색, 문화, 언어에 관계없이 존귀합니다. 예영커뮤니케이션은 이러한 정신에 근거해 모든 인간이 존귀한 삶을 사는 데 필요한 지식과 문화를 예수 그리스도의 사랑으로 보급함으로써 우리가 속한 사회에 기여하고자 합니다.

This edition issued by contractual arrangement with Josh McDowell Ministry. Originally published by Moody Publisher in English as ***The Bare Facts***, copyright by **Josh McDowell**. All rights reserved.

이 한국어판의 저작권은 Josh McDowll Mlnistry와 독점 계약한 예영커뮤니케이션에 있습니다.
본 저작물은 저작권법에 의하여 한국 내에서 보호를 받는 저작물이므로 무단 전재와 무단 복제를 금합니다.

난처한 질문, 현명한 대답

초판 1쇄 펴낸 날 · 2013년 4월 10일 | 초판 2쇄 펴낸 날 · 2014년 2월 15일
지은이 · 조시 맥도웰/어린 데이비스 | 옮긴이 · 최유신 | 펴낸이 · 김승태
등록번호 · 제2-1349호(1992. 3. 31) | 펴낸 곳 · 예영커뮤니케이션
주소 · (136-825) 서울시 성북구 성북1동 179-56 | 홈페이지 www.jeyoung.com
출판사업부 · T. (02)766-8931 F. (02)766-8934 e-mail: jeyoungedit@chol.com
출판유통사업부 · T. (02)766-7912 F. (02)766-8934 e-mail: jeyoung@chol.com

ISBN 978-89-8350-832-4 (03230)

Copyright © 2013 예영커뮤니케이션

값 12,000원

* 잘못 만들어진 책은 교환해 드립니다.
* 본 저작물은 저작권법에 의하여 한국 내에서 보호를 받는 저작물이므로 무단 전재와 무단 복제를 금합니다.

난처한 질문, 현명한 대답
The Bare Facts

자녀들은 묻고 싶고, 부모들은 대답을 망설이는 섹스에 대한 39가지 질문

조시 맥도웰/어린 데이비스 지음

최유신 옮김

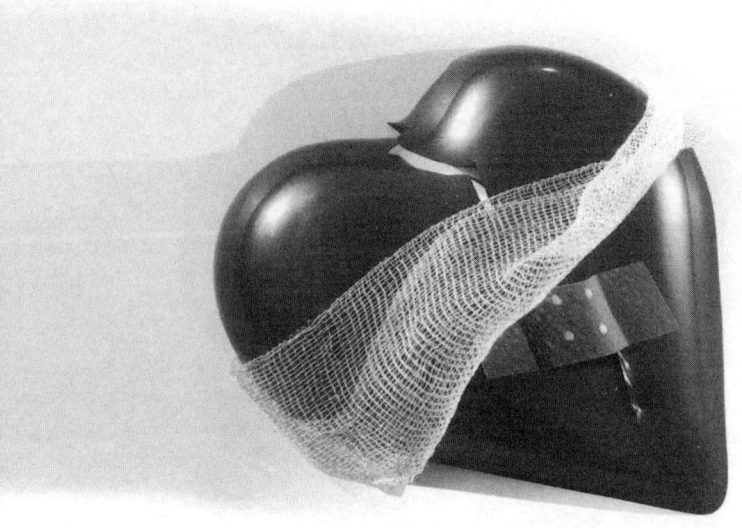

예영커뮤니케이션

션, 스테파니, 스카티, 쇼나, 켈리, 마이클, 피피, 캐티, 제리,
퀸, 베켓, 헤더, 데이비드, 브레나, 도티, 그리고
나의 가족에게

차례

자, 출발해 봅시다   11

1장 하나님은 왜 섹스를 만드셨을까요?   17

   1. 절제와 순결은 같은 것인가요?   19

   2. 하나님과 성경은 섹스에 대해 왜 그렇게 부정적인가요?   22

   3. 하나님은 왜 굳이 섹스를 만드셨나요?   26

   4. "사랑"을 뭐라고 정의해야 할까요?   32

   5. 성경에서 "하나님은 사랑이시다"고 할 때, 그것은 무슨 의미인가요?   39

2장 섹스가 몸과 건강에 어떤 영향을 미칠까요?   47

   6. 사람의 가장 강력한 성기는 무엇인가요?   49

   7. 섹스가 뇌에 영향을 미칠 수 있나요?   54

   8. 현대 의학의 발달로 성병이나 전염병은 없어진 것 아닌가요?   60

9. 가장 흔한 성병은 무엇인가요?   64

10. 여성이 남성보다 성병에 더 많이 걸리나요?   69

11. 다른 연령대보다 청소년들이 성병에 더 많이 걸린다는 것이 사실인가요?   72

12. 콘돔을 사용하면 안전한 것 아닌가요?   77

13. 두 사람 다 증상이 없어도 성병에 걸렸을 수 있나요?   83

14. 성병에 걸리면 주사나 항생제로 치료할 수 있나요?   87

15. 성병이 그렇게 쉽게 걸리지는 않잖아요?   89

16. 성병도 암과 같은 심각한 질병으로 발전될 수 있나요?   95

17. 피임약을 복용하면 안전한가요?   97

18. 어떻게 성병을 피할 수 있나요?   100

19. 혼전 섹스는 정신건강과 관계가 있나요?   104

3장 이런 섹스는 안전한가요?   111

20. 항문성교는 괜찮은가요?   113

21. 오럴섹스도 진짜 섹스인가요?   116

22. 오럴섹스를 하면서 동정을 유지할 수 있을까요?   119

23. 오럴섹스는 더 안전한가요?   122

24. 섹스는 두 사람 사이의 사적인 행동이 아닌가요?   125

4장 결혼 전의 섹스는 정말 안 되나요?　133

　25. 우리가 먼저 함께 살아보는 것이 더 낫지 않을까요?　135

　26. 결혼 전의 성경험이 결혼에서 좋은 섹스를 위한 괜찮은 준비가 아닐까요?　141

　27. 섹스는 정말 아름다운 것인데, 어떻게 잘못될 수 있나요?　145

　28. 저의 호르몬이 너무 강력한 것 아닐까요? 기다리는 것이 비현실적인 건 아닌가요?　148

　29. 저는 동정을 잃었어요. 전 이미 늦은 건가요?　153

　30. 섹스팅은 나쁜 건가요?　158

　31. 내가 어떻게 용서를 받고, 용서받았다고 느낄 수 있나요?　162

5장 하나님의 뜻을 어떻게 분별할까요?　169

　32. 어떤 사람이 나를 사랑하는지 어떻게 알 수 있나요?　171

　33. 어떻게 하나님의 뜻을 알 수 있을까요?　176

　34. 어떻게 "안돼!"라고 말할까요?　179

　35. 얼마나 멀리 가야 지나친 것인가요?　187

　36. 타협하도록 압력을 주는 사람들에게 뭐라고 말해야 할까요?　192

6장 죄책감에서 벗어나려면 어떻게 해야 할까요?　199

　37. 포르노그래피가 어떻게 실제로 내게 영향을 미치나요?　201

38. 자위행위는 괜찮은가요?   207

39. 반복되는 죄를 벗어날 수 없다고 느껴질 때 어떻게 해야 하나요?   211

소녀들에게, 어린 데이비스로부터   216

소년들에게, 조시 맥도웰로부터   219

청소년 지도자를 위한 메모   222

감사의 글   237

자, 출발해 봅시다.

레이첼은 어려서부터 교회생활을 했다. 그녀가 그리스도인으로 결신한 것은 열 살 때였다. 그녀는 줄곧 부모와 목회자로부터 섹스는 나쁜 것이라는 인상을 받아왔다. 그녀는 이제 대학생이 되었고 기숙사 안에서 함께 생활하는 친구들의 관심사는 오로지 섹스인 것 같다. 심지어 기독교대학 구내에 사는 몇몇 친구들조차 대수롭지 않다는 듯이 섹스에 대해 이야기한다. 레이첼은 의아해하기 시작했다. "섹스 이야기만 나오면 왜 그렇게 난리들이람."

닉은 섹스에 대해 많이 들었다. 섹스는 닉이 다니는 교회의 젊은 목사님이 자주(닉의 생각으론 너무 자주) 이야기하는 주제다. 닉은 어른이 되어 가고 있고, 호르몬의 분비는 마치 그에게 섹스를 하라고 외치는 것만 같다. 그는 만약에 하나님이 섹스하는 것을 원하지 않으신다면, 그에게 그처럼 강력한 성적 충동을 주시지 않으셨을 것이라는 결론을 내렸다. 결혼할 때까지 기다린다는 건 비현실적이라고 닉은 결론지었다.

애나는 예수님을 사랑한다. 최근까지도 그녀는 교회와 청년부 활동에 적극적이었고, 일주일에 한 번씩 교회 유치부에서 봉사도 했다. 애나는 남자친구와 관계를 가졌다. 그 이후로 그들은 항상 싸우려 드는 것 같았다. 그들은 지난주에 헤어졌다. 지금 애나는 마음이 심하게 상해 있다. 그녀는 모든 교회활동을 접었고, 하나님을 떠나 멀리 온 것만 같다. 그녀는 용서 받기를 원하지만, 아무에게도 자기의 죄에 대해 이야기를 할 수가 없다. 하나님께는 더욱 …. 그녀는 용서에 대해 성경에서 뭐라고 말씀하고 있는지 잘 알지만, 하나님이 자신의 성적인 죄를 용서해 주실지 확신이 서지 않는다.

우리가 레이첼이나 닉, 애나에게 섹스에 대한 하나님의 진리를 이야기해 달라고 요청을 한다면 그들은 황당해할 것이다. 섹스는 도처에 널려 있고 순결이란 말이 의미를 잃은 문화 속에서 교회 안에 있는 사람들을 포함한 젊은이들은 성적 유혹이라는 가공할 상대를 마주하기 위해서 그 주제에 대한 하나님의 진리를 이해하지 못한 채 떠나버렸다.

답을 찾아서

'섹스'라는 단어는 인터넷 구글에서 한 달에 무려 3억3천8백만 회나 검색된다. 그것은 1년에 40억 회 이상 검색된다는 이야기다. '섹스'는 항상 5대 인기 검색어에 오른다.[1] 인터넷 사용자의 가장 큰 비중을 차지하는 십대청소년과 연관 지어볼 때, 다음 두 가지 사실을 알 수 있다.

1) 섹스에 관한 한, 십대들은 의문을 가지고 있다.
2) 그들은 엉뚱한 데서 답을 찾고 있다.

크리스천 조사연구가 조지 바너(George Barna)는 오늘날의 십대들을 "모자이크 세대"라고 규정했는데, 그 이유는 그들이 어떤 사실에 대해 자신의 정의를 내리기 위해서 여러 출처로부터 정보의 작은 조각들을 모으는 경향이 있기 때문이다.[2] 이 "되는 건 뭐든지"(Whatever Works: 2009년 개봉한 우디 앨런의 영화제목이기도 함/역자 주)의 철학은 십대 세대 가치관의 모든 차원에 스며들어 있다. 섹스에 관해서는 더 말할 나위도 없다. 모자이크를 이루는 조각들이 매우 다양한 신념들로부터 나온 것이기 때문에, 그들이 섹스에 접근하는 데 있어서 믿음의 영향력은 거의 혹은 전혀 없는 듯하다.

조사자가 컨닝을 했는지, 포르노를 보았는지, 마약이나 술을 먹었는지, 성관계를 가졌는지 여부를 물었더니, 거듭난 십대의 53퍼센트가 지난 3개월 안에 그중 한 가지라도 한 적이 있다고 답했다. 믿지 않는 사람들은 59퍼센트가 그렇다고 답했다.[3]

자, 출발해 봅시다

이야기해 보자

분명, 섹스는 우리가 다루어야 할 주제다. 수십억의 사람들이 섹스에 대한 답을 찾아 검색하고 있는데, 그중 많은 사람이 한 중요한 질문을 던지고 있다. "왜 기다려야 하지?"라고. 어쩌면 당신이 지금 하고 있는 바로 그 질문일지도 모른다. 당신은 왜 내가 결혼할 때까지 섹스를 하지 말아야 한다고 하는지, 그 동안에 어떻게 '안돼!'라고 말해야 하는지 알고 싶을 것이다.

당신이 부모나 목사, 청년 지도자 혹은 교사라면 섹스에 대한 젊은이들의 질문에 시원하게 답을 해 주고, 순결이라는 하나님의 기준이 이 막가는 문화 속에서 왜 따를 만한 가치가 있는지를 가르칠 준비가 제대로 되어 있지 않다고 느낄 수도 있다.

성경은 섹스란 주제에 대해 침묵하지 않는다.

당신은 제대로 찾아온 것이다. 당신은 하나님과 의학과 상식이 섹스에 대해 무어라고 말하는지 알기 바란다. 내가 이 책을 기획한 이유가 바로 학생들이 가장 묻고 싶어 하는 섹스와 사랑과 관계에 대한 질문들에 대해 정직하고 솔직하고 은밀한 답변을 하고자 하는 것이다. 금지된 질문은 없다. 50년 동안 천만 명이 넘는 젊은이들을 향해 이야기를 해 오면서, 나는 궁극적으로 만족스런 결혼과 가정에 이르는 길은 무시하는 것이 아니라 아는 것임을 배우게 되었다.

섹스에 관한 당신의 질문에 대한 오늘날 문화의 대답은 미흡하다.

그러나 그렇다고 해서 해답을 찾을 수 없다는 뜻은 아니다. 성경은 섹스란 주제에 대해 침묵하지 않는다. 그것이 우리가 사랑과 성에 대한 당신의 화끈한 질문들에 솔직하게 답변을 함에 있어서 하나님의 말씀을 우리의 지침으로 삼는 이유이다.

금지된 질문은 없다.

자, 이제 의자를 당기자. 커피를 손에 들고(난 다이어트 콜라를 들겠다) 편한 자세를 잡자. 그리고 섹스에 대해 이야기해 보자.

1장
하나님은
왜 섹스를 만드셨을까요?

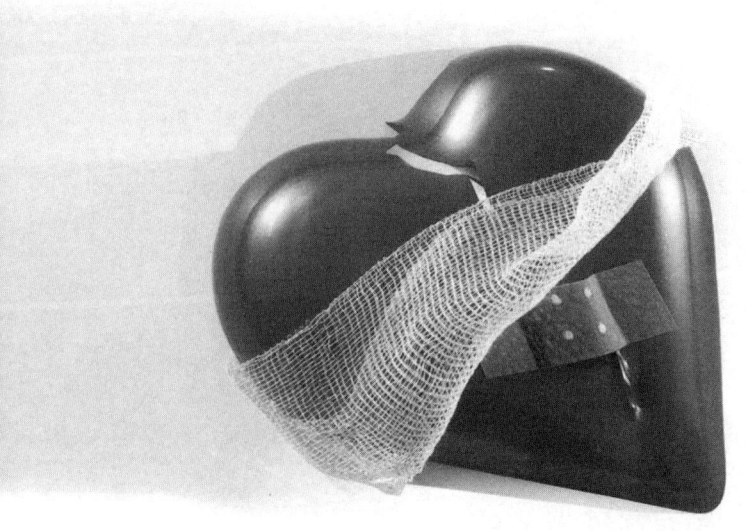

Q&A 1 절제와 순결은 같은 것인가요?

"절제"는 섹스에 있어서 신앙에 기초한 접근법이 내세우는 구호가 되었고, 세속적인 프로그램에서는 더 광범위하고 안전한 섹스 문제의 일환으로 절제를 "선택사양"으로 규정짓기 시작했다. 그런데 정확히 절제란 무엇인가? 그리고 절제가 섹스에 관한 하나님의 계획에 어떻게 꼭 들어맞는가?

절제는 단순히 특정한 것들을 피하는 것을 의미한다. 당신은 특정 음식이나 활동 또는 일을 그만두기로 결정할 수 있다. 성교육 문제에서 절제를 주장하는 사람들은 젊은이들이 섹스를 거부하기를 바란다.

놀랍게도, 당신이 섹스를 하지 않도록(abstain) 강요하는 사람들은 기독교인들만이 아니다. 하버드 학생단체인 '진정한 사랑 혁명(True Love Revolution)'의 회원들은 철학적, 생물학적, 관계적인 논쟁을 근거로 동급생들에게 섹스를 하지 말 것을 주장한다.[4] 연방 정부는 매년 수백만 달러를 절제 프로그램에 쏟아 붓는다.[5] 심지어 '준비된 부모'

(Planned Parenthood)라는 단체에서도 임신과 성병을 방지하는 효과적인 방법으로 절제를 장려한다.[6]

세상은 섹스를 삼가야 하는 강력한 이유들이 있다는 것을 알고 있다. 그러나 하나님께서는 우리를 단지 절제하도록 부르지 않으셨다. 그분은 우리를 순결하도록 부르셨다. 그렇다면 순결이란 무엇인가?

그것이 내가 학생들에게 수년 동안 물은 질문이다. 슬프게도, 나는 순결을 정의할 수 있는 사람을 찾지 못했다. 이게 말이나 되는가? 단 한 사람도 없다니. 목사들조차도 답을 하지 못했다. 순결은 성경에 있는 가장 아름다운 개념 중의 하나이다. 그런데 아무도 그 의미를 모르는 것 같다.

순결은 하나님의 계획에 따라 살겠다는 서약이다.

당신은 순결이 무엇인지 알기를 바란다. 왜냐하면 순결이란 당신이 생각하는 그런 것이 아니기 때문이다. 순결을 이해하게 된다면 섹스에 대한 당신의 생각은 완전히 바뀌게 될 것이다.

순결이란-들을 준비가 되었는가?-'본래의 설계대로 살아가는 것'을 의미한다.

당신 삶의 어느 영역에서든, 하나님께서 당신을 위해 설계하신 모습대로 살고 있다면 당신은 순결한 것이다. 하나님께서 설계하신 모습대로 살고 있지 않다면, 당신은 순결하지 못한 것이다.

절제는 근본적으로 "섹스를 하지 말라!"는 관습 또는 규칙일 뿐이다.

그러나 순결은 덕목이다. 이것은 단순히 섹스를 하지 않는 선택이 아니다. 그것은 하나님의 계획에 따라 살겠다는 서약이다. 순결은 오직 하나님께서 창조하신 사랑하는 부부 관계 안에서만 성관계를 갖기 위해서 섹스를 거절하는 것이다.

Q2 하나님과 성경은 섹스에 대해 왜 그렇게 부정적인가요?

A

우리의 문화가 무분별한 섹스를 더욱 조장함에 따라, 섹스에 대한 하나님의 관점은 더욱 더 극단적으로 보인다. 세상문화는 계속해서 섹스 찬성자의 입장이기 때문에, 많은 사람들이 성행위에 대한 하나님의 입장을 섹스 반대자로 해석한다. 이런 엉터리 같은 이야기가 어디 있는가.

섹스에 관한 하나님의 관점에 있어서, 크리스천을 포함한 많은 사람들이 이 주제에 대한 하나님의 진지한 접근을 부정적인 것으로 오해하고 있다. 하나님께서는 섹스를 매우 진지하게 받아들이신다. 그러나 하나님이 우리에게 주신 성행위의 모습은 세상문화에서 가르쳐 준 모습보다 더욱 강렬하고 자극적이며 뭐랄까. 한마디로 섹시하다. 실제로, 성행위에 대한 하나님의 계획을 따르는 것이 세상이 따르는 성적 경험보다 훨씬 더 만족감을 느끼게 한다.

하나님께서 섹스 지지자라는 사실을 어떻게 알 수 있을까? 하나님께서 역동적인 성행위의 모습을 성경에 그려 놓으셨기 때문이다.

잠언 기자는 만족스럽고 흥분되는 육체의 만남에 대해 이야기한다(잠 5:19). 여기에는 성행위를 반대하는 어떤 메시지도 나와 있지 않다! 이것이 전부가 아니다.

아가서는 남녀 사이의 화끈한 러브신에 대한 묘사로 가득하다. 아가서는 서로에 대한 만족감에 완전히 빠져 있는 두 연인에 대해 이야기한다. 그들의 애정을 노래한 시는 강렬하고 흥미진진하다. 하나님께서는 그 분의 거룩한 말씀에 이것을 포함시키셨다.

신약에서 바울은 결혼한 부부 사이에서 이루어지는 섹스에 대해 자주 언급한다. 분명한 것은 하나님께서 우리의 즐거움과 그 분의 영광을 위해 섹스를 창조하셨다는 것이다.

실제로 성경에서 섹스를 죄라고 하거나 불결하다고 말하는 부분은 단 한 구절도 없다. 섹스를 부정적으로 그리기 위해 종종 인용되는 성경 구절들은 섹스에 대해 말하고 있는 것이 전혀 아니다. 그 구절들은 하나님의 설계에서 벗어나 섹스를 잘못 사용하고 있는 문제에 대해 말씀하고 있다.

하나님께서는 섹스를 남편과 아내 사이에서 함께 공유할 수 있는 선물로 고안하셨다. 최초의 설계자이신 하나님께서는 이 성생활이 가장 흥미진진하고 만족감을 주는 것이 되도록 만드셨다. 섹스에 대한 하나님의 메시지는 "섹스는 부정한 죄이기 때문에 하지 말라."는 것이 아니다. 그분의 말씀은 이것이다. "기다려라. 나의 설계에 따라 이루어지는 섹스는 정말 굉장한 것이기 때문에 지킬 만한 가치가 있다."

섹스에 대한 하나님의 계획을 이해하려고 노력하는 크리스천들에게 있어서 진정한 질문은 "하나님은 왜 그렇게 섹스에 대해 부정적인가요?"가 아니라 "하나님이 진짜 좋은 분이신가요?"일 것이다.

섹스에 대한 하나님의 계획은 성경에 분명하게 윤곽이 드러나 있다. 그 분은 우리가 섹스를 즐기기를 바라시지만 결혼하기 전까지 기다리라고 하신다. 하나님께서 기다리라고 하는 이유는 우리가 좋아하는 것을 주고 싶어 하지 않으시는 증거라고 세상은 가르친다. 그러나 이것은 전혀 사실이 아니다.

하나님은 우리가 최고의 조건에서 섹스를 경험하기를 간절히 바라신다.

예레미야 29장 11절에 이런 약속이 나온다. "여호와의 말씀이니라. 너희를 향한 나의 생각을 내가 아나니 평안이요 재앙이 아니니라. 너희에게 미래와 희망을 주는 것이니라."

시편 31편 19절은 말씀한다. "주를 두려워하는 자를 위하여 쌓아두신 은혜 곧 주께 피하는 자를 위하여 인생 앞에 베푸신 은혜가 어찌 그리 큰지요."

하나님께서는 우리에게 좋은 것을 주고 싶어 하신다. 섹스에 설정해 놓으신 경계선은 우리를 보호하시기 위한 것이지, 박탈감을 주고 싶으신 것이 아니다. 세상은 성생활에 주어진 한계를 부정적으로 볼지 모르지만, 사실은 그 반대이다. 하나님은 섹스를 반대하시지 않는다. 하나님께서는 섹스를 적극 찬성하시기 때문에 모든 남녀가 그분의 본래 의도대로 섹스를 경험하길 원하신다.

만약 우리를 위해 좋은 것을 예비해 놓으셨다는 하나님의 약속을 믿기로 작정한다면, 우리는 거리낌 없이 섹스에 대한 하나님의 계획을 받아들일 수 있을 것이다. 그분은 우리가 최고의 조건에서 섹스를 경험하기를 간절히 바라신다는 사실을 말이다.

Q3 하나님은 왜 굳이 섹스를 만드셨나요?

성경에는 섹스에 관한 세 가지 구체적인 이유가 나온다. 첫 번째 이유는 잘 알고 있을 테지만, 그래도 계속해서 읽으라. 섹스에 대한 하나님의 계획은 당신이 생각하는 것만큼 따분한 것이 아니다.

1. 출산

당신은 아마도 하나님께서 섹스를 만드신 첫 번째 이유를 이미 알고 있을 것이다. 출산, 즉 아기를 만들기 위해서이다.

창세기 1장 28절에서 하나님은 아담과 하와에게 섹스의 목적을 밝히셨다. "생육하고 번성하여 땅에 충만하라. 땅을 정복하라."

하나님께서는 섹스라는 행위를 통해 생명을 창조해 내는 신의 능력을 우리에게 주셨다. 이 구절의 첫 부분은 하나님께서 섹스의 결과를 복되게 하셨다는 것을 알려 준다. 남녀 간 일생 동안의 서약의 결과로 아기가 태어날 때, 그 축복은 엄청나다!

물론 결혼 밖의 관계에서도 아기가 생길 수 있다. 그러나 생명을 창조해 내는 일은 당신의 삶에서 일어날 수 있는 가장 놀라운 일들 중의 하나다. 아무런 부끄러움이나 방해 없이 하나님을 경외하는 결혼 생활 안에서 축복 받을 만한 일이다.

2. 연합

인간으로서, 우리에게는 친밀함에 대한 깊은 욕구가 내재되어 있다. 우리는 다른 사람들 뿐 아니라 하나님과도 가까워지고 싶어 한다. 하나님께서 이 욕구를 우리 안에 창조하셨다. 섹스에 대한 하나님의 설계는 인격적인 유대관계에 대한 욕구를 충족시키는 것을 포함한다.

섹스가 두 사람 사이의 유대감을 만들어 준다는 것은 과학적으로 증명되었다. 그렇지만 가장 깊은 단계의 결합과 친밀감은 오직 섹스에 대한 하나님의 계획을 추구함으로써만 성취될 수 있다.

창세기 2장 24절에서는 "이러므로 남자가 부모를 떠나 그의 아내와 합하여 둘이 한 몸을 이룰지로다."라고 말씀한다.

이 구절은 "한 몸을 이룰" 정도로 강력한 남편과 아내 사이의 연합에 대해 이야기한다. 다시 말해, 부부가 너무 강하게 연결되어 갈라놓을 수 없다는 것이다.

창세기 기자는 과학이 최근에 확인한 사실을 직관적으로 알았다.

연구가들은 옥시토신(oxytocin), 또는 "포옹 호르몬(cuddle hormone)"[7]이라고 불리는 호르몬을 발견해 냈다. 옥시토신은 섹스나 섹스를 하기 전 행동들을 할 때 뇌에서 분비되는 화학물질이다. 이 물질이 분비될 때, 보살핌, 신뢰감, 깊은 애정의 감정을 느끼게 된다. 엄마가 갓난아이에게 모유수유를 할 때도 같은 물질이 분비된다. 이는 강한 유대감이나 애착을 형성하기 위한 것이다.

당신이 다른 사람과 섹스를 할 때마다, 당신의 몸은 "결합하게" 만드는 화학 반응을 일으킨다. 하나님께서는 당신이 가지고 있는 친밀함에 대한 욕구를 생물학적인 수준에서 만족시키기 위한 수단으로 그것을 창조하셨다. 그런데 놀라운 사실이 있다.

하나님은 우리의 섹스가 신나고 즐겁기를 바라신다.

친밀함에 대한 하나님의 계획은 다른 성적 상대가 아닌 남편과 아내의 사이에서 최상에 달한다는 사실이 연구에 의해 입증되었다.

시카고 대학의 조사에서는 일부일처제를 따르는 부부들이 가장 높은 성적 만족도를 나타냈다. 그 조사에 따르면, 일부일처인 부부들 중 87퍼센트가 성적 관계에 의해 육체적으로 "극히" 또는 "매우" 만족스럽다고 답했고, 85퍼센트가 감정적으로 "극히" 또는 "매우" 만족스럽다고 답했다.[8] 다시 말해서, 많은 부부들의 뇌에서 옥시토신이 활발히 분비되고 있다는 것이다! 놀랍게도, (육체적으로나 감정적으로나) 가장 낮은 만족도를 보인 사람들은 독신이거나 파트너가 여러 명인 기혼자였다.

국립보건통계센터(NCHS)와 메릴랜드 대학교의 장기 연구 보고에서는 혼전 순결을 지킨 여성들이 결혼 전에 성적으로 문란했던 여성보다 이혼할 확률이 상당히 낮았다.[9]

우리가 섹스에 대한 하나님의 설계에 따를 때, 우리의 배우자와 잘 깨지지 않는 연합을 이룰 수 있다.(창세기에서 둘이 한 몸을 이루는 것을 어떻게 표현했는지 기억해 보라.)

우리가 결혼할 때까지 섹스를 하지 않고 기다린다면, 우리는 비교할 수 없는 수준의 연합을 이룰 수 있을 것이다.

3. 즐김

우리는 이미 하나님께서 섹스 지지자이시며 우리에게 좋은 것을 주고 싶어 하시는 분이라는 것을 배웠다. 여기에 증거가 있다. 하나님께서 섹스를 만드신 이유 중 하나는 우리의 즐거움을 위한 것이다. 정말이다! 하나님께서는 섹스가 재미있기를 원하신다!

잠언 5장 18-19절을 보면 이것을 확실히 알 수 있다. "네 샘으로 복되게 하라. 네가 젊어서 취한 아내를 즐거워하라. 그는 사랑스러운 암사슴 같고 아름다운 암노루 같으니 너는 그의 품을 항상 족하게 여기며 그의 사랑을 항상 연모하라." 에로틱하지 않은가? 이 구절은 아내의 몸에 만족하는 남편에 대해 이야기한다. 원문은 "아내와의 성관계에 빠져들어라"라는 표현에 더 가깝다. 하나님께서는 섹스가 신나고 즐거운 것이 되도록 의도하셨다.

결혼을 벗어난 섹스는 재미를 가져다 줄 수 있을지는 몰라도, 우리가 하나님의 계획을 지켜 나갈 때 발견하는 진정한 기쁨과 만족의 수준에는 미치지 못한다.

거듭해서, 연구 결과는 하나님의 설계가 최고의 섹스로 이끌어 준다는 사실을 증명하고 있다. 대부분의 주요 연구들이 일부일처와 성적 만족 사이의 밀접한 상관관계를 보여 준다. 그러한 연구들은 어린 나이에 성행위에 관여한 여성들과 여러 명의 파트너를 가진 여성들이 혼전 성경험이 없거나 적은 여성들보다 자신들의 성생활에 덜 만족한다는 사실을 지적한다. 《USA 투데이》는 이 연구를 가리켜 "교회 여성들의 보복"이라고 언급했다.[10]

하나님은 우리의 유익과 그의 영광을 위하여 섹스를 창조하셨다.

세상은 제한 없는 섹스가 가장 즐겁다고 가르치지만, 연구 결과는 성경에서 이미 가르치고 있는 사실을 입증해 주고 있다. 하나님께서는 우리가 섹스를 즐기기를 원하신다. 우리가 성에 대한 그 분의 계획을 지켜나갈 때, 우리는 필적할 수 없는 수준의 즐거움과 만족을 누릴 수 있다.

그래서 하나님은 왜 섹스를 만드셨느냐고? 분명히 말해서, 우리의 유익과 그 분의 영광을 위해서 그렇게 하셨다. 하나님의 계획에 따라 섹스를 누릴 때, 그 결과는 놀랍다! 하나님께서 우리의 성생활을 위해 세우신 경계를 벗어날 때, 만족감은 사라지고, 친밀함의 가치는 떨어진다. 결국 잘못된 성적 만남의 결과 때문에 하나님께서 의도하신 축복을 망쳐 버릴 수 있다.

Q4 "사랑"을 뭐라고 정의해야 할까요?

대부분의 젊은이들은, 남녀를 불문하고 사랑에 빠지는 것이 성행위를 시작하는 원인이라고 주장한다. 사랑이 행위의 강력한 동기 요인이 되는 것은 분명하며, 아직도 대부분의 사람들은 사랑이 무엇인지 정의하려고 애쓴다.

사랑은 아마도 전 역사를 통틀어 가장 많이 이야기되고, 쓰여지고, 노래된 주제일 것이다. 영화부터 음악, 시에 이르기까지 사람마다 각기 사랑에 대해 서로 다른 정의를 내리는 것처럼 보인다.

* "사랑은 절대 미안하다는 말하지 않는 거예요." - 영화 '러브 스토리(Love Story)'에서
* "사랑은 동사다." - dc Talk의 노래 가사
* "사랑은 열정이고 집착이야. 그 사람 없이는 살 수 없는 것이지." - 영화 '조 블랙의 사랑(Meet Joe Black)'에서

* "사랑은 불타는 우정이래." - 영화 '퍼펙트 맨(Perfect Man)'에서

사랑에 대한 정의는 대부분 기억하기 쉬운 노래 가사나 로맨틱 영화 대본을 위해서 만들어졌다. 그런데 현실에서 정말 그러한가? 우리의 관계나 성적 경험에 적용했을 때, 사랑이 무엇인지 진짜 알기나 하는가?

사랑은 세상에서 가장 복잡하고 강렬한 개념 중의 하나이다. 그리고 나는 아주 소수의 사람들만 그것을 이해하고 있다는 것을 알았다. 사랑을 정의하는 것은 섹스에 대한 하나님의 목적과 계획을 이해하는 데 있어 매우 중요한 단계이다. 만약 당신이 사랑을 정의할 수 없다면, 당신이 사랑에 빠져 있다는 것을 어떻게 알 수 있겠는가? 사랑을 정의할 수 없다면, 당신이 사랑받고 있다는 사실을 어떻게 알 수 있겠는가? 사랑을 정의할 수 없다면, 당신이 사랑스럽고 친밀한 관계를 맺고 있다는 것을 어떻게 알 수 있겠는가? 사랑을 정의할 수 없다면, 섹스를 통한 사랑을 어떻게 표현할 수 있겠는가? 할 수 없다.

사랑이 무엇인지 완전히 이해하기 위해 먼저 사랑이 아닌 것부터 살펴보자.

사랑은 감정이 아니다

당신이 어렸을 때, 당신의 어머니는 당신에게 야채를 먹으라고 강요했을 것이다(이것은 행위이다). 그러나 부모님을 좋아하라고 명령할 수는 없었을 것이다(이것은 감정이다). 내가 사람들에게 사랑을 정의해 달라고 요청했을 때, 대부분의 사람들은 사랑은 감정이라고 나에게 말해 주었다. 그러나 사랑은 느낌이 될 수 없다. 왜냐하면 감정을 명령할 수는 없기 때문이다. 당신은 행동이나 결정만을 명령할 수 있다.

누가 우리에게 사랑하라고 명령할 수 있겠는가? 하나님만이 하실 수 있으며, 그렇게 하신다!

요한복음 13장 34절에서는 "새 계명을 너희에게 주노니, 서로 사랑하라. 내가 너희를 사랑한 것 같이 너희도 서로 사랑하라."고 말한다.

에베소서 5장 25절에서는 "남편들아, 아내 사랑하기를 그리스도께서 교회를 사랑하시고 그 교회를 위하여 자신을 주심 같이 하라."고 언급한다.

분명, 사랑은 단순한 감정 이상의 것이다. 그것은 선택의 연속이다. 우리가 사랑하기로 선택할 때, 우리의 감정이 변화될 수 있다. 그러나 사랑은 의지의 행위를 통해 표현된다.

사랑은 섹스가 아니다

우리의 문화는 "사랑"과 "섹스"를 바꾸어 사용할 수 있으며, 섹스는 사랑에 빠졌는지 아닌지를 측정하는 도구라고 가르친다. 더 나아가 섹스는 사랑하는 관계에서 필수적인 요소라고 말한다. 그러나 하나님의 말씀은 섹스와 관계가 없는 사랑에 대한 정의를 우리에게 주셨다. 틀림없이, 섹스와 사랑은 같지 않다.

섹스와 사랑을 쉽게 혼동하게 만드는 것이 무엇일까? 3번 질문에 대한 대답을 기억해 보라. 성 행위를 하는 동안 뇌는 "포옹 호르몬"인 옥시토신을 분비하는데, 그 호르몬은 보살핌, 신뢰, 깊은 애정의 감정을 느끼게 한다고 언급했다. 섹스와 사랑을 하나로 묶어 판매하려는 대중문화의 시도와 결합된 그 "감정"은 많은 사람들에게 섹스와 사랑을 동일한 것으로 생각하게 만든다. 우리는 이미 사랑이 감정이 아니라는 사실을 알고 있으며, 사랑에 대한 세상의 정의는 아무리 잘해 봐도 모순될 뿐이라는 것을 알 수 있다. 명백하게 말해서 섹스는 사랑이 아니다.

섹스와 사랑은 같지 않다.

하나님께서는 서로 연합하도록 만들기 위해서 섹스를 설계하셨기 때문에, 우리가 결혼 생활을 벗어난 성행위를 하게 되면 관계가 뒤죽박죽이 되어 버리고, 섹스를 사랑으로 잘못 해석할 정도로 감정이 혼란스러워진다. 우리가 하나님의 계획을 따를 때, 섹스가 개입되기 전에 남녀 사이의 사랑은 이미 확고해진다.

섹스에 대한 하나님의 계획을 무시해 버리고 현재 눈앞에 놓인 욕구를 충족시키기로 선택하는 것은 사랑을 표현하는 것이 아니다. 진정한 사랑은 당신과 당신의 배우자를 잠재적인 혼외정사의 위험으로부터 지키기 위해 결혼할 때까지 기다리는 것이다. 그러면 그것은 최상의 섹스를 즐길 수 있는 미래를 제공해 줄 것이다.

사랑에 대한 하나님의 정의

성경에서는 사랑의 정의를 분명하게 제시한다. 지금까지 우리가 사는 방식에 극적으로 영향을 미칠 능력을 가진 정의를 찾기 위해 "사랑"이란 단어에 관해 여러 문구들을 살펴보았으나, 이제는 여기에 집중해 보자.

마태복음 22장 39절에서 예수님은 말씀하셨다. "네 이웃을 네 자신 같이 사랑하라."

우리는 다른 사람을 어떻게 사랑해야 하는가? 우리 자신을 사랑하는 것처럼 사랑해야 한다. 이 구절은 자기도취에 빠진 자기애에 대해 말씀하고 있는 것이 아니다. 우리는 끊임없이 우리의 욕구가 충족되고 있는지 확인함으로써 우리 자신을 사랑한다. 그러므로 진정한 사랑은 사랑받는 사람의 필요를 충족시켜 주고자 열망하게 될 것이다.

에베소서 5장 28~29절은 하나님께서 정의하시는 사랑에 대한 또 다른 단서를 제공한다. "이와 같이 남편들도 자기 아내 사랑하기를 자기 자신과 같이 할지니 자기 아내를 사랑하는 자는 자기를 사랑하는 것이라 누구든지 언제나 자기 육체를 미워하지 않고 오직 양육하여 보호하기를 그리스도께서 교회에게 함과 같이 하나니"

우리 자신을 구체적으로 어떻게 사랑하는가? 양육하고 보호함으로써 사랑한다. 만약 내가 나 자신을 성경적인 방법으로 사랑한다면, 육체적, 정신적, 영적, 관계적으로 성숙해지도록 영양분을 섭취할 것이다. 내가 진정으로 나 자신을 사랑한다면, 그러한 양육 과정에 방해가 될 수 있는 요소들로부터 나 자신을 보호하고 소중하게 여길 것이다.

진정한 사랑의 동기는 항상 "보호하고 양육하는 것"이다.

하나님의 말씀은 사랑에 대한 가장 간단한 정의를 보여 준다. 보호하고 양육하는 것이다. 진정한 사랑은 언제나, 예외 없이, 사랑을 받는 사람의 최선의 유익을 추구한다. 그 동기는 항상 "보호하고 양육하는 것"이다.

어떻게 섹스가 사랑에 대한 하나님의 정의에 딱 들어맞는가? 섹스가 결혼 생활에만 국한될 때, 그것은 사랑하는 사람의 육체적, 감정적 욕구를 채워 주는 훌륭한 방법이 된다. 그러나 결혼 생활을 벗어난 성관계는, 당신과 배우자에게 해를 끼치게 된다. 배우자가 아닌 사람과 성관계를 맺기로 선택할 때, 당신은 배우자(그리고 당신 자신)를 계획에 없던 임신이나 성병, 죄책감, 비통함, 목표를 달성하지 못하는 것과 같이 엄청나게 충격적인 결과들로부터 보호하는 데 실패하게 된다.

우리가 하나님의 설계를 벗어나 행동할 때, 사랑과 섹스 사이의 경계가 희미해진다. 따뜻한 감정을 사랑과 혼동하지 말라. 그리고 섹스가 좋아하는 사람에게 사랑을 표현하는 가장 좋은 방법이라는 거짓말을 믿지 말라. 하나님은 우리를 보호하시기 위해서 결혼 생활에서 섹스를 하도록 계획하셨다. 배우자의 행복, 안정, 영적 성장, 건강은 당신의 것들만큼이나 소중하다. 그것도 아주 많이. 그래서 당신은 혼외 성관계가 가져올 수 있는 잠재적인 피해로부터 배우자를 보호해 주어야 한다. 그럴 때 당신이 사랑을 찾았음을 알게 될 것이다.

Q5 성경에서 "하나님은 사랑이시다"라고 할 때, 그건 무슨 의미인가요?

섹스에 대한 하나님의 계획을 완전히 이해하고 받아들이는 우리의 능력은 하나님이 누구이신가를 이해하는 데에 전적으로 달려 있다.

요한일서 4장 16절은 하나님을 이런 식으로(이렇게) 묘사한다. "하나님이 우리를 사랑하시는 사랑을 우리가 알고 믿었노니 하나님은 사랑이시라. 사랑 안에 거하는 자는 하나님 안에 거하고 하나님도 그의 안에 거하시느니라."

요한일서 4장 8절에서는 말한다. "사랑하지 아니하는 자는 하나님을 알지 못하나니 이는 하나님은 사랑이심이라."

"하나님은 사랑이시다"라는 말씀은 하나님께서 모호하고 따스하며 어렴풋한 감정이라는 뜻이 아니다. 기억하라, 우리는 이미 사랑은 감정이 아니라는 사실을 확실히 배웠다. 그렇다면, 진정한 하나님의 사랑은 어떤 모습인가?

요한복음 15장 12~13절에서 예수님은 이렇게 말씀하셨다. "내 계명은 곧 내가 너희를 사랑한 것 같이 너희도 서로 사랑하라 하는 이것이니라. 사람이 친구를 위하여 자기 목숨을 버리면 이보다 더 큰 사랑이 없나니."

하나님은 사랑이 무엇이며 어떻게 행동해야 하는지를 보여 주는 궁극적인 본보기가 되신다. 예수님께서는 지상에서 사랑과 긍휼의 삶을 사심으로써 이것을 증명해 보이셨다. 십자가의 죽음은 우리에게 하나님의 사랑을 행동으로 보여 주신 그림이다. 우리를 향한 그분의 극적인 사랑은 그분이 우리에게 요구하신 타인에 대한 사랑의 기준이 된다.

하나님의 명령은 우리에게 좋은 것을 제공하고 우리의 미래를 보호하기 위한 것이다.

하나님께서는 그저 말씀으로만 우리를 사랑하신다고 하시지 않았다. 그분이 천국에서 우리에게 어마어마한 발렌타인데이 선물을 보내지 않으신다고 해서 당신의 사랑을 행동으로 실천하지 못하신 것이 아니다. 그 분은 계속해서 우리를 향한 사랑을 증명해 보이신다.

당신은 이렇게 말할 지도 모른다. "잠깐만요! 만약 하나님이 나를 그렇게 사랑하신다면 왜 섹스처럼 좋은 것들을 나에게서 **빼앗아** 가시는 거죠?"

우리가 이전 질문에서 논의했던 사랑에 대한 정의로 돌아가 보자. 사랑은 보호하고 양육하는 것이다.

하나님의 명령은 우리에게서 무언가를 빼앗거나 제한시키기 위한 것이 아니다. 오히려 우리에게 좋은 것을 제공하고 우리의 미래를 보호하기 위한 것이다.

성경에 우리에게 특정한 선택과 행동을 하지 말라고 말씀하시는 몇 가지 명령이 나온다. 이런 명령들은 언뜻 보면 부정적으로 보일 수 있지만, 실제로는 하나님의 깊은 사랑의 표현이다. 실제로 하나님께서는 "하지 말라"고 말씀하실 때마다 우리를 보호하시고 우리에게 공급해 주심으로써 그분의 사랑을 입증하고 계신다.

신명기 10장 13절에서는 "내가 오늘 네 행복을 위하여 네게 명하는 여호와의 명령과 규례를 지킬 것이 아니냐"고 말씀하신다.

하나님께서는 왜 우리에게 율법을 주시는가? 우리를 위해서이다! 하나님의 방법이 불만스럽고 구속하는 것처럼 느껴질 때에도, 그분이 우리를 사랑하시며, 그분의 명령은 우리를 보호하고 공급해 주시기 위한 것임을 알 수 있다.

섹스에 관한 하나님의 명령은 이 원칙에 완벽하게 들어맞는 예이다.

고린도전서 6장 18절에 이런 말씀이 있다. "음행을 피하라. 사람이 범하는 죄마다 몸 밖에 있거니와 음행하는 자는 자기 몸에 죄를 범하느니라."

하나님은 우리에게 음행을 피하라고 분명하게 말씀하신다. 왜 그런가? 우리에게 기다리라고 말씀하신 같은 구절에서 그에 대한 답을 주신다.

"음행하는 자는 자기 몸에 죄를 범하느니라." 하나님의 계획을 벗어나 성관계를 하는 것은 말 그대로 당신의 몸에 물리적인 영향을 미친다. 당신이 섹스에 대한 하나님의 계획을 벗어나 행동할 때, 당신의 몸은 심각한 결과로 고통 받을 수 있다. 여기 몇 가지 증거가 있다.

* 성적으로 자유분방한 15-24세의 청소년들은 매년 4명 중 한 명 꼴로 성병에 걸린다.
* 2004년, 미국 질병통제예방센터(CDC, Centers for Disease Control)에서는 13-24세의 젊은이들 18,000명 이상이 면역결핍 바이러스(HIV/AIDS)에 걸렸다고 추정했다(35개 지역에서 익명을 바탕으로 HIV 실태조사). 2004년에만 거의 5,000명이 에이즈 진단을 받았는데, 이는 그 해 전체 인구의 3%에 달하는 수이다.[12]
* 2009년에는 총 409,840명의 유아들이 15~19세 청소년들에게서 태어났다.[13] 그 중 절반 이상이 의도하지 않은 임신이었다.[14]

두 사람이 결혼하여 성관계를 가질 때까지 기다린다면, 이러한 건강의 위험 요소 대부분이 사라진다. 친밀하고 헌신된 부부관계에서 아기를 임신한다면, 비록 의도하지 않은 임신이라 할지라도 그와 관련된 문제들이 줄어든다.

분명히, 하나님은 우리의 재미를 빼앗거나 불필요하게 우리를 제한하시기 위해서 섹스를 기다리라고 하지 않으셨다. 섹스에 관한 그 분의 명령은 우리를 향한 사랑의 증거이다. 그분은 우리를 보호하시고 우리를 위해 공급해 주시려고 하는 분이시기 때문이다.

하나님은 사랑이시기 때문에 매번 우리의 행복을 추구하신다. 이런 관점에서 성경을 이해할 때, 우리는 하나님의 명령을 거리낌 없이 받아들일 수 있다. 우리에게 가장 좋은 것이 무엇인지 아시는 하나님께서 그 명령들을 주셨음을 알기 때문이다.

토의를 위한 질문

1. 순결이 "하나님의 설계에 따라 사는 것"을 의미한다면, 당신은 어떤 방법으로 이미 순결을 추구하고 있습니까? 당신이 하나님의 설계에 더 잘 맞도록 당신의 행동을 수정해야 할 부분은 무엇입니까?

2. 빈 곳에 알맞은 말을 넣으십시오. 만약에 금욕이 법이라면, 순결은 (　　　　)이다. 이 구분법이 순결에 대한 당신의 느낌에 어떤 변화를 주나요?

3. 아가서 1장을 읽어 보세요. 이 사실적이고 로맨틱한 구절들을 읽을 때, 어떤 느낌이 듭니까?(예를 들어, 불편하다, 궁금하다, 흥분된다 등) 두 연인 사이의 은밀한 대화가 왜 하나님의 말씀에 들어 있다고 생각합니까?

4. 당신은 이 질문에 대해 어떻게 대답하겠습니까? "하나님은 선하십니까?"

5. 하나님의 선하심에 관한 질문에 대한 당신의 대답은 당신의 선택에 어떤 영향을 미칩니까? 더 구체적으로는, 그것이 사랑과 섹스에 대한 결정에 어떤 영향을 미칩니까?

6. 3번 질문은 섹스의 세 가지 특정한 목적을 출산, 연합, 즐거움으로 정리합니다. 이 세 가지 목적을 중요도에 따라 순서를 매겨 보세요. 당신의 답변에 대해 설명해 보세요.

7. 진실한 사랑은 언제나 보호하고 양육함으로 사랑받는 대상의 유익을 추구하는 것이라면, 당신 자신의 삶에서 진실한 사랑의 예는 무엇입니까? 다시 말해서, 당신에게 하나님의 정의대로 사랑을 표현한 사람은 누구입니까?

8. 당신의 미래 배우자의 최선의 유익을 위해 당신이 보호하고 부양할 수 있는 세 가지 방법을 제시해 보세요.

9. 예수께서 당신을 위한 그분의 사랑을 나타내 보이신 세 가지 독특한 방법은 무엇입니까?

10. 신명기 10장 13절은 하나님의 계명은 우리의 유익을 위한 것이라

고 말씀합니다. 신약에서 발견되는 하나님의 계명 세 가지를 열거해 보세요. 각 계명을 다음과 같이 끝맺어 보세요. "나는 이 계명이 나의 유익을 위한 것임을 압니다. 왜냐하면……."

2장
섹스가 몸과 건강에 어떤 영향을 미칠까요?

Q 6 사람의 가장 강력한 성기는 무엇인가요?

A 당신의 가장 강력한 성기는 수영복을 입을 때 가려지지 않는다. 최상의 섹스로 가는 비결은 당신의 다리 사이에서 찾을 수 없다. 당신의 귀 사이에 있다. 섹스에 있어서, 진정한 마법이 일어나는 곳은 뇌이다.

당신의 뇌에 관한 과학적 사실에 대한 특강을 잠깐 하겠다. 뇌의 무게는 고작 3파운드(약 1.36kg)에 불과하지만, 100억 개의 뉴런(neuron)과 1000억 개의 지지세포, 그리고 세포와 뉴런을 연결해 주는 100조 개의 연결관(connector)이 들어 있다.[15] 매 초마다 백만 개의 새로운 연결관이 생겨난다.[16] 당신의 뇌는 우주상에서 가장 복잡한 덩어리이다.

그 복잡한 세포와 연결관 덩어리 안에서, 섹스의 가장 흥미진진한 요소를 경험하게 된다. 당신은 "오르가슴(orgasm)"이라는 말을 들어보았을 것이다. 이것은 섹스할 때 느끼는 강렬한 쾌감을 표현하는 말이다. 연구가들은 오르가슴 동안 뇌가 기분을 좋게 해 주는 화학물질을 일정량 받게 되면 불이 붙기 시작한다는 것을 발견했다. 섹스를 하는 동안, 뇌는 몸 전체에 육체적인 활동을 명령하는 신호를 보낸다. 자극을 척수로 되돌려 보내는 신경이 없다면, 오르가슴은 가능하지 않을 것이다. 성적인 경험에 반응하는 문제에 있어, 확실하게 뇌가 지배하고 있다.

그러나 모든 뇌가 최상의 섹스를 하기 위해 준비되어 있는 것은 아니다. 100조 개의 연결관들을 기억하는가? 당신이 태어날 때, 그 연결관들은 가장 기본적인 모습만 갖춘 상태이다. 10대에 들어서면, 이 연결관들 주위에 "미엘린(myelin, 수초)"이라고 불리는 절연체가 생성된다. 이 "미엘린 줄기"는 마치 전기선의 절연체와 같은 역할을 한다. 이것은 당신의 뇌가 보내는 전기 충격이 신경을 따라 더 빠르고 효과적으로 전달되도록 한다.[17] 사춘기 동안 표면이 덮인 신경은 감정, 판단, 충동조절을 통제하는 뇌와 연결된다. 다시 말해서, 당신이 이십대가 되기 전까지는 당신의 뇌가 섹스에 관해 빠르고 현명한 선택을 하도록 구조화되어 있지 않다는 것이다.

뇌과학자들은 청소년의 뇌가 다른 영역에서도 여전히 발달 중이라는 것을 발견해 냈다. 우리 뇌에서 가장 늦게 발달하는 영역은 건전한 판단을 내리고 제멋대로인 감정을 가라앉히는 역할을 담당하는 시스템이다. 이것을 "전두엽전부피질(prefrontal cortex)"이라고 부른다.[18]

우리가 태어나면, 우리 뇌 안에서 뒤쪽 부분에 위치한 대뇌번연계(limbic system)를 작동시킨다. 번연계는 기본적으로 원초적인 감정이 발생하는 곳이다. 대뇌번연계가 기능을 하게 되면 옳고 그름에 기초한 결정을 내릴 수 없게 된다. 오직 우리가 느끼는 감정에 기초해 결정할 수 있다.

나중에 우리의 의사결정 통제소는 대뇌번연계로부터 전두엽전부피질로 옮겨 간다. 이 전두엽 피질은 뇌의 앞쪽에 위치한다. 전두엽 피질로부터 우리는 도덕적인 선택을 할 수 있게 된다. 대뇌번연계는 충동이나 욕구를 처리한다. 전두엽 피질만이 미래의 결과에 근거하여 일관된 선택을 내릴 수 있다. 이런 식으로 생각해 보자. 만약 대뇌번연계가 배고픈 사자라면, 전두엽전부피질은 능숙한 사자 조련사이다. 사자는 그저 먹

성적으로 자유분방한 학생들 중 3분의 2에 달하는 수가 기다렸어야 했다고 후회한다.

고 싶어 하기만 할 뿐, 만약 점심식사로 잘못된 목표물을 선정해 돌진한다면 어떤 일이 일어날지는 생각하지 않는다. 사자 조련사는 사자의 동물적 욕구를 길들이기 위해 보상과 결과를 사용한다.

과학적으로 말해서, 젊은이들은 사자들이다. 십대 시절에는, 전두엽 피질이 사실상 운전대를 잡고 졸고 있는 상태이며, 대뇌번연계는 왕성하게 활동중이다. 사실, 대뇌번연계에서 전두엽전부피질로의 기능 전환은 대개 20대 중반까지 완전히 이루어지지 않는다. 생물학적으로

말해서, 평균적으로 10대의 전두엽전부피질은 뇌의 최고경영자나 "사장"의 역할을 맡을 준비가 되어 있지 않다.[19] 그러나 이 성장단계에 있는 젊은이들은 남은 인생에 결과를 초래할 섹스에 관한 결정을 내리고 있다.

> 당신의 가장 강력한 성적 기관은 수영복을 입을 때 가려지지 않는다.

최근 「청소년 저널(The Journal of Youth and Adolescence)」에서 실시한 어느 조사에서 17~18세의 청소년들 중 60퍼센트 이상이 섹스 경험이 있는 것으로 나타났다.[20] 그러나 아직 그들의 뇌는 파급효과를 고려한 의사결정을 하도록 완전히 갖추어지지 않았다. 그것이 아마 성적으로 자유분방한 학생들 중 3분의 2에 달하는 수가 기다렸어야 했다고 후회하는 이유일 것이다.[21]

십대들은 신체적으로는 성관계를 갖도록 준비되었을지 모르지만, 그들의 가장 강력한 섹스 기관인 뇌는 훨씬 뒤늦게야 최상의 섹스를 위해 갖추어진다.

3번 질문에서 말했던 섹스의 목적으로 돌아가 보자. 하나님께서 우리의 즐거움을 위해서, 그리고 다른 사람과 우리를 연합시키기 위해서 섹스를 창조하셨다는 사실을 기억하라. 이 두 가지 목적은 생물학적인 것이 아니라 정신적인 것이다. 하나님의 설계대로 따를 때, 섹스에 있어 최고의 보상이 당신의 머릿속에서 일어나게 된다.

다시 말해서, 어느 누구도 아직 마음을 위한 콘돔(condom)은 개발하지 못했다. 우리가 섹스가 주는 정신적, 감정적, 육체적 즐거움을 온전히 즐길 수 있는 관계를 갖게 될 때까지 오직 하나님께서만이 우리의 가장 강력한 성기를 보호해 주실 수 있다.

여기 성경에 나오는 좋은 조언이 있다. "너희는 이 세대를 본받지 말고 오직 마음을 새롭게 함으로 변화를 받아 하나님의 선하시고 기뻐하시고 온전하신 뜻이 무엇인지 분별하도록 하라."(롬 12:2)

Q7 섹스가 뇌에 영향을 미칠 수 있나요?

우리는 뇌가 가장 강력한 성기라는 사실을 배웠다. 당신의 뇌가 섹스에 반응하는 방법은 장기적으로 당신이 성적 활동에 관해 내리는 결정에 의해 극적인 영향을 받는다.

고린도전서 6장 18절에서 하나님의 계획을 벗어난 성관계를 피하라고 경고한 것을 기억하라. 그렇게 하는 것이 우리 몸 안에 죄를 짓는 것이기 때문이다. 과학자들은 이제 혼외 성관계를 갖게 되면 당신의 뇌에 신체적인 결과를 미칠 것이라는 사실을 규명하며 바울의 경고를 뒷받침한다.

섹스가 어떻게 당신의 가장 강력한 성기인 뇌를 변화시키는지 알아보기 위해 섹스에 관한 과학적 데이터를 살펴보도록 하자.

뇌에서 연합이 일어난다.

"포옹 호르몬"인 옥시토신을 기억하는가? 그것은 성적 활동을 하는 동안 돌봄과 신뢰, 깊은 애정감을 형성하도록 분비되는 결합 호르몬이다. 만족스러운 섹스를 위해 하나님께서 만드셨고, 우리 모두가 갈망하는 연합의 요인은 말 그대로 우리의 머릿속에 장착되어 있다.

특히 여성의 뇌는 접촉과 포옹을 할 때마다 다량의 옥시토신을 받아들인다. 바소프레신(vasopressin)은 남성의 뇌에서 같은 역할을 하는 호르몬이다.[22]

다정하고 헌신적인 관계 속에서, 뇌는 그 연합을 공고히 지키기 위해 더 많은 옥시토신과 바소프레신을 분비한다. 하나님께서는 우리의 몸을 육체적으로 장기적인 친밀함에 반응하도록 만드셨다. 그리고 그 반응은 뇌에서 일어난다. 우리가 계속해서 상대를 바꾸면, 옥시토신 수치가 감소하고, 뇌의 옥시토신 분비기능이 정상대로 작동하지 않게 된다. 문란한 성행위는 남성의 뇌에서 바소프레신 생성을 마모시켜 단기적인 관계의 위험으로부터 둔감해지게 한다.[23] 단기적이고 애매한 성관계는 말 그대로 뇌의 화학물질 수치를 변화시킬 수 있다.

옥시토신과 바소프레신이 뇌에서 일어나는 유일한 성적 반응은 아니다. 섹스는 또한 도파민(dopamine)이라고 불리는 "기분을 좋게 해 주는" 화학물질의 분비를 촉발시킨다. 도파민은 우리가 흥미진진하거나 보람 있는 일을 할 때면 언제든지 분비된다. 옥시토신이 우리가 사랑에 빠졌음을 알려 주는 화학물질이라면, 도파민은 "난 그걸 더 많이 가져야 해!"라고 말한다. 연구가들은 갓 사랑에 빠진 커플들 뇌의 도파민 수치가 높다는 것을 정확히 보여 주었다.[24] 도파민은 뇌에 쾌감의 강렬한 쇄도에 방아쇠를 잡아당기며 욕구를 자극한다.

도파민이 가치중립적이라는 사실을 이해하는 것이 중요하다.[25] 도파민은 건설적인 행동과 파괴적인 행동의 차이나 관계의 좋고 나쁨을 구분하지 못한다. 여러 가지 면에서, 도파민은 마약과 같다. 뇌는 같은 수준의 쾌감을 느끼기 위해서 점점 더 많은 양을 필요로 한다. 혼외 성관계는 도파민에 대한 욕구를 증폭시켜 관계에 심각한 결과를 가져온다. 만약 그 관계가 끝나면 옥시토신 분비에 영향을 미치게 되어, 도파민이 주는 동일한 정도의 쾌감을 느끼기 위해서는 점점 더 많은 성적 접촉을 필요로 하게 된다. 새로운 상대로 옮겨갈 때마다, 당신은 도파민에 대한 뇌의 욕구를 만족시키기 위해서 조금씩 더 많은 성적 접촉을 해야만 하고, 연합 효과는 허물어지기 시작한다. 또한 도파민이 강력한 쾌락의 감정을 느끼게 하기 때문에, 성적으로 문란한 커플들은 종종 그 흥분의 감정을 애정의 감정으로 대체시킨다. 그들이 진정한 친밀감을 추구하는 대신 도파민이 주는 황홀감을 추구하기 시작하면서 관계는 급격히 악화된다. 성 중독은 뇌에서 일어날 수 있는 또 다른 잠재적인 위험요소이다. 성관계를 가지는 동안 일어나는 뇌의 화학 반응에 중독되는 것이 가능하다. 그리고 그렇게 되면 성적 욕구를 억제하려는 노력은 점점 더 어려워진다.

결혼을 위해 섹스를 보류해 두면, 우리 뇌는 계속해서 성관계를 매우 흥미진진하게 만들 수 있을 정도의 신경 화학 물질을 얻게 된다. 그럴 때 뇌는 건강한 관계와 반응들을 촉진시키는 방식으로 화학 물질들을 처리할 수 있게 된다.

섹스는 기억력에 영향을 미친다.

당신의 경험들이 뇌에 영향을 준다는 강력한 증거가 있다. 당신의 오감과 관련된 감정적인 상황이 연출되면, 당신의 몸은 노르에피네프린(norepinephrine, 부신 수질 호르몬)이라 불리는 화학물질을 분비한다. 노르에피네프린은 "기억력 화학물질"이다. 당신이 극도로 감정적이고 감각적인 사건을 경험할 때, 뇌에서 노르에피네프린이 분비된다. 이 물질은 그 경험을 가져가 회상하기 위해 당신의 뇌에 차곡차곡 저장시켜 놓는다. 성적인 접촉은 지극히 감정적이고 감각적이기 때문에, 뇌는 이 기억력 화학물질을 일정량 분비함으로 그에 반응하고 각각의 경험을 머릿속에 붙여 놓는다.

결혼을 하면, 당신은 뇌에 차곡차곡 쌓인 그 경험들을 부부 관계 속으로 가져올 것이다. 당신은 이렇게 말할 지도 모른다. "내가 영원히 함께하고 싶은 사람을 만나게 되면, 이전에 만났던 다른 사람들은 기억도 하지 않을 거야." 그런데 그게 그렇게 쉽게 되는 일이 아니다. 성적인 만남은 당신의 뇌에 각인된다. 생물학적인 수준에서 말이다. 당신은 다른 섹스 파트너에 대한 기억을 떨쳐 낼 수 없을 것이다. 왜냐하면 그들이 당신 뇌의 구조를 바꾸어 놓았기 때문이다.

히브리서 13장 4절은 이렇게 말한다. "모든 사람은 결혼을 귀히 여기고 침소를 더럽히지 않게 하라." 이 구절은 이렇게 번역하는 것이 더 좋을 것 같다. "성적 관계를 순결하게 하라." 순결에 대한 정의 중 하나는 "이질적인 요소를 포함시키지 않는 것"이다.[26] 우리가 결혼을 할 때까지 성관계를 보류하지 않는다는 것은, 정신적으로 다른 성적 파트너를 우리의 결혼 침소에 데려오는 것과 같다. 그들은 영구히 우리의 머릿속에 각인되어 화학물질 분비수치에 영향을 미치기 때문이다.

당신은 다른 섹스 파트너에 대한 기억을 떨쳐 낼 수 없을 것이다.

한 번은 강연을 마치고 나서, 목사인 내 친구가 나를 공항까지 태워 주겠다고 했다. 그 전날 밤 나는 섹스에 관해 강연을 했고, 우리가 차에 앉아서 가는 동안 그 친구는 매우 조용히 있었다. 마침내 그가 말문을 열었다. "조시, 난 자네의 도움이 필요하네. 나는 20년 가까이 한 아름다운 여성과 결혼생활을 해왔지. 그런데 난 단 한 번도 그녀와만 잠자리를 한 적이 없다네."

"그게 무슨 말인가?" 내가 물었다.

"고등학교 때, 나는 하나님을 믿지 않았어. 그리고 성적으로 문란하게 놀아났지. 그것도 아주 많이." 그가 고백했다. "그게 대학생활 때까지 지속됐어. 대학생 때 그리스도를 구세주이자 주로 영접했지만, 내가 바꾸지 않은 부분이 성생활이었다네. 그리고 나서 3학년 때 내 아내를 만났지. 그때까지, 나는 그녀처럼 아름다운 여성이 있을 수 있다는 걸 몰랐지. 우리는 사랑에 빠졌고 결혼했다네."

계속해서 그는 성적으로 지은 죄들이 결혼 생활에 미친 영향을 이야기했다. "결혼 첫날밤부터 시작해서, 다른 모든 여자들과 있었던 일들이 내 머릿속의 영화관에서 계속해서 회상되고 재상영 되었다네." 이 남자 속에는 육체적으로 그의 뇌 속에 차곡차곡 쌓인 과거의 관계의 망령이 있었던 것이다. 그가 말한 결과들은 대단히 파괴적이었다.

우리 각자가 한 선택들과 가담했던 행동들을 가지고 우리 스스로 우리 뇌의 구조를 바꾼다는 것이 명백한 판결이다.

Q8 현대 의학의 발달로 성병이나 전염병은 없어진 것 아닌가요?

많은 학생들은 의학의 발달로 성병의 위험이 줄어들었고 희귀 전염병을 쉽게 치료할 수 있는 것으로 생각하는 것 같다. 유감스럽게도, 그들의 지식은 완전히 틀렸다.

1960년대에 의사들은 매독(syphilis)과 임질(gonorrhea)이라는 두 가지 주된 성병을 치료했다. 두 질병은 모두 주사 한 방으로 치료될 수 있었다. 오늘날 의사들이 인정한 주요 성병은 25가지인데[27], 그 중 19가지는 치료법이 없다.[28]

1960년대에는 성적으로 자유분방한 십대들 60명 중 한 명 꼴로 성병에 걸렸다. 1970년대에는 그 수가 47명 중 한 명으로 뛰어올랐다.[29] 현재는 성적으로 자유분방한 십대들 4명 중 한 명 꼴로 감염이 된다.[30]

성병의 만연을 억제하고 치료하려는 노력에도 불구하고, 성병의 종류와 그 범위는 줄어들기는커녕 오히려 늘어나고 있다. 지금 현재 7

천만 명의 미국인이 성병에 걸린 채 살고 있다.[31] 그 중 약 6천 5백만 명이 불치병자이다.[32] 전 세계적으로 보면, 거의 3억 3천만 명에 달하는 사람들이 매년 성병에 감염된다.[33]

젊은이들은 특별히 감염에 취약하다. 첫 성적 접촉 후 2년 안에 절반의 십대 소녀들이 가장 흔한 세 가지 성병 중 하나에 감염된다. 질병통제예방센터(CDC)는 미국에서 매년 1천 9백만의 새로운 성병 감염자가 발생하는 것으로 추정한다. 그 중 거의 절반이 15-20세 사이의 청소년에게서 발생한다.[34]

현재는 성적으로 자유분방한 십대들 4명 중 한 명 꼴로 감염이 된다.

성적으로 문란하게 놀면서 그 확률을 없애는 것은 거의 불가능한 일이다. 결혼 전에 성관계를 갖기로 선택한다면, 당신이 성병에 감염될 확률은 최소한 4분의 1이다.[35] 성적 파트너가 늘어날수록 확률은 급격히 늘어나기 시작한다.

당신은 위의 확률을 보고 이렇게 생각할 지도 모른다. "만약 성적으로 문란한 십대들 중에서 네 명 중 한 명만 성병에 걸린다면, 난 감염되지 않을 수도 있다는 이야기네. 그리고 그런 병들은 치료약도 있으니까." 틀렸다! 대부분의 성병은 바이러스이기 때문에 치료가 불가능하다. 성병부터 일반적인 감기에 이르기까지, 모든 바이러스는 치료가 불가능하다. 어떤 성병은 치료법이 존재하지만, 그 중 다수는 단 한 순간의 쾌락의 대가로 길고 고통스러운 치료를 견뎌내야 한다. 심지어 치료가 가능했던 성병들 중에서도 어떤 것들은 치료에 내성을 보이기 시작했다.

매년 성병을 확인하고 치료하는 일에 160억 달러의 청구서가 건강관리시스템에 청구된다.[36] 의학 연구가들은 그 막대한 수의 성병을 새로운 치료법으로 억제하기 위해 지속적으로 노력하고 있다.

최근에 개발된 신약은 가장 흔한 성병인 인체유두종바이러스(HPV, Human Papilloma Virus) 백신이다. 많은 연구가들이 성병과의 싸움에 있어 중요한 진전이 되는 그 백신을 위해 싸웠지만, 사실상 그 백신은 실제 위험으로부터 약간의 보호만 해 줄 뿐이다. 우선, 그 인체유두종바이러스 백신은 여성에게만 해당이 된다. 지금까지 남성을 위한 백신은 존재하지 않았다. 그것은 고작 70퍼센트의 효과가 있으며, 반드시 어릴 때 맞아야 한다. 그리고 이미 감염된 여성에게는 효과가 없다. 그 백신은 암을 유발하는 모든 인체유두종바이러스를 퇴치하지 못한다. 백신 접종 후 면역력이 얼마나 지속될지도 모른다. 이것은 신약이기 때문에, 그 70퍼센트의 여성들에게 얼마나 오래 면역력이 지속될지 알아내려면 수년이 걸릴 것이다.[37] 다시 말하지만, 보호의 확률은 높지 않다.

의사들이 인정한 주요 성병은 25가지인데, 그 중 19가지는 치료법이 없다.

질병의 고통 이상으로, 성병 감염의 결과는 매우 처참하다. 약 10만 명의 15~25세 미국 여성들이 성병으로 인해 절대 아이를 가질 수 없다.[38] 질병통제예방센터(CDC)는 매년 8천 명에 달하는 남성이 인체유두종바이러스와 관련된 암에 걸리는 것으로 추정했다.[39] 매해 1만 7천 명 이상의 미국인들이 에이즈로 사망한다.[40]

만약 당신이 하나님의 보호 경계선을 벗어나 성관계를 갖겠다면, 성병을 피할 확률은 당신에게 불리하다. 과학이 증명하는 바이다.

의학계에서는 이 확률들을 인정한다. 정부도 그렇다. 실제로, 최근 정부에서는 성병 검사와 예방을 위해 질병통제예방센터에 4억 달러를 배정했다.[41] 그런데도 성병 감염률은 늘어나고 있다. 간단히 말해서, 하나님께서 분명히 경고하신 것을 선택함으로 오는 결과로부터 정부나 의학계가 우리를 보호해 줄 것이라고 기대할 수는 없다.

섹스에 대한 하나님의 지침서는 우리를 보호하고 양육하기 위해서 만들어졌다는 것을 기억하라. 순결한 혼인 관계에서 성병에 걸릴 수 있는 확률이 얼마나 될까? 제로(0)이다. 자, 이제 이 확률로 살아야 하지 않겠는가.

Q9 가장 흔한 성병은 무엇인가요?

A 우리 대부분은, 어른이든 십대 청소년이든, 성병이라는 문제에 대해 너무도 모르고 있다. 가장 흔한 성병에 대해 들어 보았거나 그 병이 치료 불가능하다는 것을 알고 있는 사람은 극소수에 지나지 않는다.[42] 그 병이 무엇인가? 인체유두종바이러스(HPV)이다.

인체유두종바이러스는 성적으로 전염되는 바이러스 질환이다. 그것은 쉽게 전염되며 대개 콘돔으로 막을 수 없다. 아마 그런 이유 때문에 질병통제예방센터에서 인체유두종바이러스를 미국과 전 세계에서 제1의 성병으로 인정한 것 같다.[43]

어떤 자료는 거의 6백만 명의 미국인들이 매년 인체유두종바이러스에 감염된다고 보고했다.[44] 당신의 이해를 돕기 위해, 그 수가 어느 정도인지 예를 들어보겠다. 6백만 명은 캘리포니아(California) 주 로스앤젤레스(Los Angeles) 인구의 거의 2배에 달하는 수이다. 그 수를 분석해 보면, 매 달 458,333명의 사람들이 감염된다는 이야기다. 뉴올리언스(New Orleans) 주의 인구와 비슷한 인원이다. 십만 명 이상이 매주 HPV에 감염된다. 이는 위스콘신(Wisconsin)의 그린베이(Green Bay) 전체인구와 비슷한 인원이다. 매일 1만 5천 명 이상의 성적으로 문란한 사람들이 감염되고, 매시간 627명이, 그리고 일 분마다 19명이 감염된다. 현재 2천만 명의 미국인들이 HPV에 감염되었다.⁴⁵ 이것은 오스트레일리아(Australia) 대륙 전체에 살고 있는 인구수와 거의 비슷하다!

현재 2천만 명의 미국인들이 인체유두종바이러스(HPV)에 감염되었다.

인체유두종바이러스(HPV)에 관한 자료를 더 자세히 들여다보면 더 충격적인 숫자들이 나온다.

* 전 여성의 80퍼센트가 50세가 되기 전에 HPV에 걸리게 될 것이다.⁴⁶
* 성생활하는 남성의 70퍼센트가 HPV에 걸린다.⁴⁷
* 성생활이 문란한 사람 중 50퍼센트가 현재 혹은 이전에 HPV에 감염되었다.⁴⁸
* 15~49세의 미국인 8천만 명이 인생의 어느 시점에 생식기 HPV에 감염되었다.⁴⁹
* HPV는 20~24세에서 가장 높은 감염률을 보인다. 이 연령대의 남성과 여성 26.8퍼센트가 감염되었다.⁵⁰

셀 수 없는 수의 HPV 감염사례가 수치심과 난처함, 부인하거나 증상의 부족 등으로 인해 알려지지 않았다는 것을 명심하라.

HPV는 바이러스이기 때문에 치료법이 존재하지 않는다. 이 바이러스는 습한 피부에서 자라며, 쉽게 퍼진다. 전문가들은 HPV에 감염된 파트너와 성관계를 한 번 맺을 때마다 전염될 확률이 50퍼센트라고 추정했다. 또한 감염된 사람들과 성관계를 가진 파트너들의 경우 90퍼센트까지 감염된다.[51] 전염률이 높은 이유 중 하나는 대체로 그 바이러스가 오랫동안 아무런 증상을 보이지 않기 때문이다. HPV는 몸속에서 수년 동안 발견되지 않고 잠복할 수 있다.[52]

HPV와 관련된 가장 큰 위험은 암이다. HPV에 감염된 여성 70퍼센트가 후에 자궁경부 전암병변(발암 초기 단계)으로 발전될 가능성이 있다.[53] HPV는 모든 침습성 자궁경부암(cervical cancer)의 90퍼센트 이상과 연관되어 있다. 자궁경부암은 여성들 사이에서 유방암(breast cancer)에 이어 두 번째로 사망자가 많은 암이다.[54] HPV로 인한 자궁경부암은 매년 1만3천 명의 미국인 여성에게서 일어난다. 약 5천 명이 그 병으로 죽는다.[55]

지난 5년 동안, HIV(에이즈 바이러스)나 에이즈(후천성 면역결핍증)보다 HPV로 더 많은 여성들이 사망했다.[56] 그리고 아직도 HPV는 거의 언급되지 않고 있는 질병이다. UCLA의 의과대학에서는 모든 자궁경부암과 외음부암(이것은 전염병이다)에 걸린 여성 중 90퍼센트 이상이 HPV가 있었다는 것을 알아냈다.⁵⁷ 이러한 이유로 질병통제예방센터는 이 암을 성적으로 감염된다고 말한다.⁵⁸

남자도 HPV에 걸릴 수 있는가? 물론이다! 80퍼센트의 여성이 50세가 될 때까지 HPV에 걸릴 것이다. 그러나 그것은 HPV가 여성 질환이라는 의미가 아니다. 미국국립암연구소(US National Cancer Institute)의 자금 지원을 받아 이루어진 새로운 국제 연구에서는 놀랍게도 브라질, 멕시코, 미국에서 18~70세의 남성 중 50%가(성적으로 문란하든지 그렇지 않든지에 관계없이) 이 질병에 감염되었다고 밝혔다.⁵⁹

하나님께서 우리에게 섹스에 관한 제한을 두셨을 때, 그분은 딱 한 사람, 바로 당신을 마음에 두고 계셨다. 그분은 당신에게 한 가지 결단을 요구하신다. 한 사람, 즉 당신의 배우자를 위해 기다리는 것이다.

젊은이들 중에 HPV가 성행위와 관련된 질병이라는 사실을 알고 있는 사람은 거의 없다. HPV에 걸릴 엄청난 확률을 이해하고 있는 사람은 더 적다. 그리고 HPV 때문에 죽을 수도 있다는 사실을 알고 있는 사람도 거의 없다.

HPV에 관한 한, 의학계에서는 이것이 매우 중대한 문제임을 제기하는 수많은 자료들을 발표해 왔다. 하나님께서는 이 병이 많은 사람에게 고통을 주고 있다는 것을 알고 계시지만, 그분이 가장 관심을 가지고 계시는 것은 훨씬 더 작은 수이다. 하나님께서 우리에게 섹스에 관한 제한을 두셨을 때, 그분은 딱 한 사람, 바로 당신을 마음에 두고 계셨다. 그분은 당신에게 한 가지 결단을 요구하신다. 한 사람, 즉 당신의 배우자를 위해 기다리는 것이다. HPV에 관한 통계들은 그분의 계획이 한 사람의 몸과 한 사람의 미래를 보호하기 위한 것이었음을 분명히 드러내 준다. 바로 당신이다.

Q&A 10 여성이 남성보다 성병에 더 많이 걸리나요?

대체로 남자들이 여자들보다 성적으로 더 문란한 편이지만, 오히려 여자들이 성병에 더 잘 걸리는 것 같다.[60] 예를 들어, 한 연구는 남성은 11.5%인데 비해, 여성은 21%가 음부포진(genital herpes, HSV-Herpes Simplex Virus)에 감염되었다는 것을 보여 주었다.[61] 25개의 주요 성병 중 대부분은 여성에게 주로 피해를 입힌다.

왜 여성들이 더 위험한 걸까? 그 열쇠는 생물학에 있다. 대부분의 성병은 바이러스다. 바이러스는 산소가 없으면서 따뜻하고 습한 환경에서 자라고 번식하는데, 이런 곳은 남성의 성기가 아니라 바로 여성의 생식기와 같은 곳이다. 남자의 성기로 옮아간 어떤 바이러스도 한 번 산소에 노출되면 살아남을 수 없다. 결국 여성이 훨씬 쉽게 감염되고 피해를 입는다는 것이다. 충격적인 사실이 아닐 수 없다.

여기 여성과 성병에 관한 심각한 사실이 몇 가지 있다.

* 클라미디아(chlamydia, 성병의 일종)에 감염된 여성의 80~90%
  가 아무런 증상이 없다.[62]
* 골반 내 염증 질환(PID, Pelvic Inflammatory Disease)과 관련된 증
  상이 모호하여, 85퍼센트의 여성이 치료를 미루거나 불임의 위험
  을 크게 증가시킨다.[63]
* 여성의 매독 감염률은 2007년에서 2008년 사이에 36% 증가했
  다.[64]
* 자궁경부암 비율이 젊은 여성 사이에서 증가하고 있는데,[65] 이는
  HPV를 포함한 성병에 노출이 증가했음을 반영한다.
* 머지않아 HIV(에이즈 바이러스)의 여성 보유자 수가 곧 남성 보유
  자 수를 넘어설 것이다.[66]
* 임신 중 성병에 감염된 여성은 조기 분만개시, 양막 파열 등의 우
  려가 있으며, 출산 전후에 자궁내 감염이 일어날 수 있다.[67]
* 조산과 영아 사망의 30~40%가 성병으로 인한 것으로 추정된
  다.[68]

성병에 감염된 여성들에게 나타나는 가장 일반적인 결과는 불임이다. 성병은 여성의 나팔관과 자궁 내막에 회복 불가능한 상처를 내어 불임을 일으킨다. 남성의 생식기는 상처를 입지 않기 때문에 남성은 동일한 성병에 노출되더라도 불임의 위험이 없다. 다른 여성들에게는, 감

염의 최종 결과가 자궁경부암이다. 남성은 자궁경부가 없기 때문에 자궁경부암으로부터 면제되는 것은 명백하다.

섹스에 대한 하나님의 경계선이 무시될 때, 사람들-특히 여자들-은 엄청난 대가를 치르게 된다.

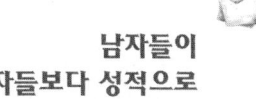

남자들이 여자들보다 성적으로 더 적극적인 편이지만, 오히려 여자들이 성병에 두 배나 더 잘 걸린다.

Q11 다른 연령대보다 청소년들이 성병에 더 많이 걸린다는 것이 사실인가요?

청소년의 특징 중의 하나는 나쁜 일들은 "다른 사람"에게만 일어난다는 인식에서 비롯된 호기이다. 십대와 섹스에 관해서라면, 실제는 매우 충격적이다.

우리 문화에서는 청소년을 12~25세 사이에 있는 사람들로 규정한다. 미국에서 청소년은 인구의 17%를 차지하고 있다. 그러나 성병의 3분의 2가 25세 미만의 사람들에게서 발생한다.[69]

매년 미국에서 총 1천 9백만 명의 사람들이 성병에 걸린다.[70] 매년 미국의 13~19세의 청소년 3백만 명이 성병에 걸린다.[71] 매년 9백만 명 이상의 감염자가 미국의 15~24세 청소년에게서 발생한다.[72] 이것은 대략 3분의 2의 성병이 미국 인구의 17%에 불과한 사람들에게서 발생한다는 이야기이다.[73]

처음 성관계를 가진 지 2년 안에, 50%의 십대 청소년들이 성병에 감염될 것이다.[74] 매년 성적으로 자유분방한 십대들의 약 25%가 성병에 걸린다.[75] 이것은 고등학교 때 성병에 걸릴 확률이 4분의 1이라는 것이 아니다. 고등학교에서 매해마다 감염되는 확률이 4분의 1이다. 성관계를 갖는 십대들 중에서, 3명 중 한 명이 졸업장과 함께 성병을 가지고 고등학교를 졸업하게 된다.

이 숫자들을 그냥 넘겨 버리지 말라. 정신이 번쩍 들게 만드는 청소년들과 성병에 대한 현실에 대해 깊이 생각할 시간을 잠시 가지라.

* 2006년에 13~29세의 청소년과 청년들의 HIV(에이즈 바이러스) 감염 증가율(34%)이 다른 어떤 연령대보다도 높았다.[76]
* HIV에 걸린 미국인들의 5명 중 3명이 십대에 감염되었다.[77]
* 청소년들이 성병에 걸릴 위험이 가장 높음에도 불구하고, 성경험이 있는 십대들(15~17세)의 3분의 1, 성경험이 있는 청년(18~24세)의 절반만 성병 검사를 받았다.[78]
* 십대들은 어른들보다 골반내 염증질환에 최대 10배나 걸리기 쉬우며,[79] 이는 결국 많은 젊은 여성들의 불임을 가져온다.
* 2002년 CDC(질병통제예방센터)가 보도한 클라미디아(성병의 일종) 사례 중 50%가 십대들이었다.[80]
* 2002년에는 임질이 15~24세 사이에서 가장 흔하게 걸리는 전염병이었다.[81]
* 매일 거의 2만5천 명에 달하는 15~24세 청소년들이 성병에 걸린

다. 시간 당 1,039명이 걸리는 꼴이다.[82]

왜 십대들이 성병에 더 걸리기 쉬울까? 답은 간단하다. 생물학적 요인과 행동 때문이다.

청소년이 성병에 높은 민감성을 보이는 생물학적 이유는 특별히 여성과 관련이 있다. 젊은 여성은 자궁경부의 내벽 안에는 "원주세포(columnar cell)"라고 불리는 세포가 많이 들어 있다. 이 세포는 자궁경관 내벽 전체에 퍼져 있다.[83] 나이를 먹을수록, 원주세포들 위로 편평상피세포(squamous epithelium cell)가 겹겹이 쌓인다. 이 세포들이 층을 형성하기 시작하여 결국 원주세포들을 완전히 에워싸게 된다.[84] 그러나 이 과정은 여성이 20대 중반이 될 때까지 계속된다.

성관계를 갖는 십대들 중에서, 3명 중 한 명이 졸업장과 함께 성병을 가지고 고등학교를 졸업하게 된다.

그 두 종류의 세포들의 차이가 무엇인가? 원주세포는 지나칠 정도로 수용성이 높다. 원주세포를 젖은 스펀지라고 생각해 보자. 먼지나 모래가 젖은 스펀지에 달라붙는 것처럼 어떤 질병이든 이 세포와 접촉하면 분명히 거의 달라붙을 것이다. 실제로, 원주세포는 25세 이상 여성의 자궁 경관에서 발견되는 편평상피세포보다 80%이상 감염에 민감하다.[85]

20대 중반 즈음, 여성의 자궁경관은 단단해지면서 바이러스가 접촉할 때 거부하기 시작한다. 만약 원주세포가 젖은 스펀지라면, 편평상피세포는 한 번도 사용된 적 없는 마른 스펀지에 더 가깝다. 마른 스펀지는 단단하고 꽉 차 있기 때문에, 모래나 먼지가 튕겨 떨어지기 쉽다.

그러나 우리는 지금 먼지에 대해 이야기하는 것이 아니다. 우리는 젊은 여성과 그녀의 남성 파트너의 건강에 심각한 위험을 초래하는 바이러스에 대해 이야기하고 있다. 예를 들어, 단순히 성관계를 가짐으로써 24세 여성이 골반내 염증질환에 걸릴 확률은 80분의 1인데 비해, 같은 상황에서 15세 소녀가 걸릴 확률은 8분의 1이다.[86] 젊은 여성의 자궁 경관의 또 다른 차이점은 원주세포가 바이러스를 혈류 속으로 곧장 통과시킨다는 것이다. 그런데 중년 여성의 몸속에서는 바이러스가 혈액 속으로 들어가는 일이 더 어렵다. 일반적으로, 십대는 25세 이상보다 80% 이상 성병에 더욱 걸리기 쉽다.[87]

당신은 여성 자궁경관의 변화가 일어나는 시기가 뇌가 변연계(limbic system, 원초적인 감정)에서 전두엽전부피질(prefrontal cortex, 도덕적 의사결정)로 바뀌는 시기와 정확히 일치한다는 사실을 알아차렸는가? 분명히 하나님께서는 우리가 그분의 시기를 기다릴 때, 최고의 섹스를 경험하도록 준비시켜 놓으셨다.

생물학이 청소년을 성병의 위험에 노출시키는 유일한 요소는 아니다. 많은 젊은이들이 자신들을 감염의 주된 표적이 되도록 만드는 행동을 선택하고 있다. 질병통제예방센터(CDC)는 십대들이 그들보다 나이가 많은 성적 파트너를 고르기가 가장 쉽다고 보도했다. 또한 성적으로 자유분방한 십대들은 다수의 파트너와 성관계를 맺을 가능성이 매우 높은데, 이는 감염의 위험을 증대시킨다. 한 연구에서는 18세 이전에 성관계를 시작한 십대들 중 75%가 두 명 이상의 파트너가, 45%가 네 명 이상의 파트너가 있다는 결과가 나왔다.[88]

> **하나님께서는 우리가 그 분의 시기를 기다릴 때, 최고의 섹스를 경험하도록 준비시켜 놓으셨다.**

성병에 감염된 청소년의 수는 급속도로 증가하고 있다. 이런 추세로 인한 개인적 대가는 의심의 여지없이 매우 높다.

하나님께서는 이 문제에 대해 뭐라고 말씀하시는가? 디모데전서 4장 12절을 살펴보자. "누구든지 네 연소함을 업신여기지 못하게 하고 오직 말과 행실과 사랑과 믿음과 정절에 있어서 믿는 자에게 본이 되라."

누가 청소년과 섹스에 관한 문제에 있어서 기준치를 높이겠는가? 누가 자신의 삶과 순결의 기준을 통해 본이 될 것인가? 그렇게 살기에는 위험부담이 너무 크고, 역시 하나님의 계획이 최고라고 누가 결론을 내릴 것인가? 당신은 하겠는가?

Q 12 콘돔을 사용하면 안전한 것 아닌가요?

A 당신 세대는 콘돔이 안전한 섹스를 의미하며, 그 안전한 섹스가 당신이 아무 위험 없이 섹스를 즐길 수 있게 해 줄 것이라는 말을 들어 왔다. 당신은 거짓말에 속은 것이다.

몇 해 전, 안전한 섹스 메시지를 선전하는 사람들은 그들의 메시지에 미묘한 변화를 주었다. 이제는 "안전한 섹스(safe sex)"를 선전하는 대신, 콘돔 지지자들은 젊은이들에게 "더 안전한 섹스(safer sex)"를 하라고 촉구한다. 왜 그렇게 전환했을까? 그 사실이 바로 콘돔이 안전하지 않다는 것을 보여 준다. 당신은 콘돔을 사용해도 성병에 걸릴 수 있다. 당신은 콘돔을 사용해도 임신할 수 있다. 그리고 그 어떤 콘돔도 하나님의 설계를 벗어난 섹스에서 오는 정신적이고 감정적인 위험으로부터 당신을 보호해 주지 못할 것이다.

콘돔과 성병

과학적으로, "콘돔을 끼고 안전한 섹스를 즐기라"는 것은 불가능하다. 가장 적절한 표현은 "콘돔을 끼고 조금 덜 위험한 섹스를 경험하라"가 될 것이다(에이즈 전문의인 로버트 레드필드(Robert Redfield) 박사와 나눈 개인적인 담화에서 발췌). 콘돔은 소수의 성병에 대해 어느 정도 안전장치를 제공한다. 25개의 주요한 성병 중에서 다섯 개 정도가 어느 정도 예방된다. 가장 크게 위험도가 감소하는 것은 HIV(에이즈 바이러스)이다. 연구가들은 콘돔이 HIV 전염을 85~87%까지 감소시키는 것으로 추정했다. 임질과 클라미디아의 경우에는 전염 위험이 50%까지 감소된다.[89] 이 숫자들이 인상적으로 보일 수도 있겠지만, 안전한 섹스 옹호자들이 당신에게 감내하라고 요구하는 도박의 심각성을 생각해 보라. HIV에는 치료법이 존재하지 않는다. 감염으로 인한 최종 결과는 결국 죽음이다. 항상 콘돔을 사용한다 해도 만약 당신의 파트너가 HIV에 감염되었다면, 당신은 여전히 15%의 감염 확률을 지니게 된다. 임질이나 클라미디아에 감염될 확률은 2분의 1이다. 이런 성병의 장기적인 결과는 불임이다. 이 두 가지 성병에 감염된 많은 남성과 여성은 어떤 증상도 보이지 않으며, 모르는 사이에 파트너에게 병을 옮긴다. 매번 콘돔을 사용한다 해도 당신의 임신 능력을 위태롭게 하거나 병에 감염될 수 있다.

콘돔을 사용한다고 해도 임신하거나 성병에 감염될 수 있다.

콘돔이 HIV, 임질, 클라미디아의 위험을 부분적으로 감소시켜 주는 반면, 다른 많은 성병에는 전혀 효과가 없다. 실제로 성병은 바이러스이기 때문에 대부분의 경우, 콘돔은 성병의 위험을 감소시키지 않는다. 콘돔으로 가려지지 않는 신체 부위에 의해 전염된다.

HPV(인체유두종바이러스)가 전형적인 예다. HPV는 가장 많이 감염되는 성병이다. 성적으로 문란한 사람들의 50%가 이전에 HPV에 감염된 적이 있든지 현재 감염된 상태이다.[90] 감염자와 성관계를 맺을 확률이 매우 높다는 이야기다. HPV는 바이러스이기 때문에, 축축한 피부에서 자라고 쉽게 전파된다.

더 안전한 섹스 지지자들은 젊은이들에게 안전장치를 사용하여 섹스를 가지라고 설득한다. 그러나 콘돔은 당신을 성병으로부터 당신을 충분히 보호해 주지 않으며, 그 결과는 매우 파괴적일 수 있다. 분명히 말해서, 콘돔을 사용하는 안전한 섹스는 전혀 안전하지 않다. 사실, 몇몇 성병들은 섹스를 통하지 않고도 전염될 수 있다.

콘돔을 사용하는 안전한 섹스는 전혀 안전하지 않다.

미국 국립건강연구소(NIH, National Institute of Health)는 세계에서 가장 유명한 의학 연구 기관 중 하나다. NIH는 처녀들은 관통하지 않는 성적 접촉, 깊은 접촉으로도 (HIV와 다른 여러 바이러스에) 감염될 수 있음을 인정했다.[91] 단지 접촉만으로 말이다! 왜 그럴까? HPV와 다른 바이러스성 성병들은 성기나 질 부근의 수분에 의해 전염된다. 이들은 콘돔으로 가리지 못하는 신체부위이다. 당신이 콘돔을 사용해서 "안전한 성관계"를 맺고 싶다면, 당신의 콘돔은 전신용 잠수복 형태여야 할 것이다. 그래서 NIH는 "HPV 감염은 콘돔 사용으로 줄어들지 않았다."라고 말한 것이다.[92] 당신은 콘돔 상자에서 그런 글을 보지 못했을 것이다!

연구결과들은 파트너가 콘돔을 항상 사용한다 하더라도, 성병에 감염된 남성과 성관계를 가진 여성의 감염확률이 37.8%라는 것을 보여 준다.[93] 실제 위험률은 훨씬 높을지도 모른다. 최근 한 대학에서는 교내의 HPV 감염자를 대상으로 조사를 했다. HPV 감염자이면서 콘돔을 사용하지 않은 사람들은, 단 세 번의 관계에 그들의 파트너 44%가 감염되었다.[94] 만약 그 병이 에이즈였다면, 콘돔은 그 숫자를 4%까지 감소시킬 수 있었을 것이다(당신이 그 4% 감염자에 들어가지 않는다면 바람직한 상황이다). 콘돔을 사용한 사람들 중에서는 42%가 감염되었는데, 이는 콘돔이 감염 위험을 고작 2% 감소시켰다는 것을 의미한다.[95] 왜 그렇게 차이가 미미한가? 왜냐하면 콘돔이 바이러스가 퍼지는 부위를 가려 주지 못하기 때문이다.

콘돔과 임신

콘돔은 성병으로부터 당신을 완전히 지켜 주지 못한다. 그러나 적어도 원하지 않는 임신의 위험은 제거해 준다. 그렇지 않은가? 틀렸다.

일반적으로 여성은 한 달 중 8일 동안 임신이 가능하다. 1년이면 96일이다. 정부에서 콘돔회사에 제품의 불량률을 계산하도록 했는데, 20~24세의 일반 여성이 매번 콘돔을 사용했을 때 31%의 실패율을 보이는 것으로 확인되었다.[96] 이를 인간 사회에 적용해 보면, 콘돔을 사용하는 학생들 열 명 중 세 명은 불량 콘돔을 사용하게 되고, 예상치 못한 임신을 하게 될 위험이 있다는 것이다.

여학생들은 한 달에 8일, 혹은 1년에 96일만 임신할 수 있다. 임신은 여자들만 할 수 있다. 그러나 성병은 1년에 365일 내내 감염될 수 있다. 남자와 여자가 동등하게 위험하다. 콘돔이 임신할 수 있는 96일 중 31%의 실패율을 보인다면, 365일 가능성이 있는 성병의 실패율은 얼마나 될까? 이제 사기당한 것 같은 느낌이 들기 시작하는가?

명백한 진실

FDA(Food and Drug Administration, 미국식품의약국)가 콘돔의 보증서 발급을 거부했다는 것을 알고 있는가? 왜일까? 제품 불량률이 통상적인 기준을 넘기 때문이다. 또 다른 정부 기관인 CDC(질병통제예방센터)는 금욕이 성병을 막는 유일하고 확실한 방법이라고 언급했다.[97] 두 번째 방법은 성병에 감염되지 않은 파트너와 서로 일부일처를 맺는 방법이다. 나는 그것을 "결혼"이라고 부른다.

세상은 안전한 섹스가 자유를 가져다준다고 가르친다. 문제는 안

2장 섹스가 몸과 건강에 어떤 영향을 미칠까요? 81

전한 섹스가 안전하지 않다는 것이다. 안전한 섹스와 보다 안전한 섹스 사이의 차이는 분명 엄청나다. 콘돔은 위험을 크게 줄이지도 못하면서 안전하다는 착각을 준다. 시중에 있는 어떤 콘돔이나 피임약도 섹스가 당신의 몸, 뇌, 마음에 미치는 영향으로부터 보호해 주지 못한다. 하나님께서는 혼외 섹스를 갖지 않는 그분의 설계 안에서 진정한 안전을 제공해 주기를 열망하신다. 당신의 성생활을 위한 그분의 계획만이 100% 보호를 제공해 준다.

13 두 사람 다 증상이 없어도 성병에 걸렸을 수 있나요?

틀림없다! 여기 알려지지 않은 성병에 대한 속보가 있다.

* HPV(인체유두종바이러스)는 평균적으로 10~12년 동안 신체에 완전히 잠복해 있다. 당신이 감염되었는지조차 알 수 없다.[98]
* HPV 감염의 90%는 증상이 나타나지 않는다.[99]
* 클라미디아의 경우, 여성의 80%, 남성의 40%가 증상이 나타나지 않았다.[100]
* 음부포진으로도 알려진 HSV-2(단순포진바이러스)는 증상이 매우 가벼워서 80%가 나타나지 않거나 증상을 알아차리지 못한다.[101]
* HIV(에이즈 바이러스)는 증상 없이 10~15년 동안 잠복해 있을 수 있다.[102]

2장 섹스가 몸과 건강에 어떤 영향을 미칠까요? **83**

* 성병의 증세가 나타나지 않더라도, 성적 파트너 사이에서 전염될 수 있다.

맨 마지막 줄에서 보듯, 당신이나 파트너가 성병에 감염되었을 때 당신의 몸이 경보를 보낼 것이라 믿어서는 안 된다. 성적으로 문란한 십대들은 임신이 가장 두렵다고 말한다. 왜냐하면 임신이 가장 눈에 띄는 결과이기 때문이다. 그러나 성병 감염은 훨씬 더 큰 위험을 지닌다. 대부분의 경우 당신이나 당신의 파트너가 이미 감염되었는지 아닌지를 알 수 있는 길이 없다.

대부분의 성병이 신체적 징후가 나타나지 않기 때문에, 많은 청소년들은 자신들이 위험하지 않다고 믿는다. 대중매체들은 부작용이 없는 섹스에 대한 이미지를 심어 줌으로써 문제를 더욱 악화시킨다. TV 쇼의 3분의 2 이상이(68%) 성적인 내용을 포함하고 있다.[103] 최근의 한 연구는 TV방송국에서 황금시간대에 평균적으로 시간당 열 번의 성행위가 방영된다

대중매체들은 부작용이 없는 섹스에 대한 이미지를 심어 줌으로써 문제를 더욱 악화시킨다.

는 것을 발견했다.[104] 그리고 TV에서는 아직 그 누구도 대가를 치르지 않고 있는 것처럼 보인다. TV에서 성병에 걸린 사람을 마지막으로 본 적이 언제인가? 사람들은 서로 침대에 뛰어 들었다 나갔다 하지만 아무도 병에 걸리지 않는다. 그 누구도 파트너에게 검사를 받아보라고 권하

지 않는다.

이 모두가 내가 섹스에 대해 "신용카드식 접근법(credit card approach)"이라고 부르는 것들이다. 일단 당장은 놀고 빚은 나중에 갚는다는 생각이다. 내 말을 들어보라. 당신은 값을 지불하게 될 것이다. 당신의 몸이 증상을 보이기 시작할 때는 이미 가격이 너무 오른 뒤다.

여학생들이여, 자신이 고등학교 2학년 때 성적으로 문란하게 행동하기로 결정했다고 가정해 보라. 당신은 성병에 관한 어떤 증상도 보이지 않고 검사도 받지 않는다. 몇 년 후, 당신은 꿈에 그리던 남자를 만나게 된다. 당신은 결혼을 하고 가정을 꾸리기 시작하지만 임신을 할 수가 없다. 불임에 대해 상담하기 위해 진찰을 받으러 갔을 때, 의사는 당신이 PID(골반내 염증 질환)에 걸렸다고 말한다. 당신은 아무런 증세도 없었지만 어느 순간 클라미디아에 감염되었다. 이제 당신은 집에 돌아와 남편에게 자신의 아이를 절대 가질 수 없게 될 것이라고 말해야 한다.

남학생들도 비슷한 시나리오를 상상해 보라. 당신은 15세 때 사랑했다고 생각했던 여학생 때문에 동정을 잃었다. 10년 뒤, 배우자를 만나 결혼하고 나서야 진정한 사랑이 무엇인지 알게 되었다. 결혼식 날 보니 그녀는 처녀였다. 몇 년 뒤, 당신의 아내가 병적인 출혈을 보이기 시작한다. 그녀는 의사를 찾아가 자궁경부암에 걸렸음을 알게 된다. 당신도 모르게 당신이 그녀에게 전염시킨 HPV(인체유두종바이러스) 때문에 일어났을 가능성이 높다. 비록 그녀는 결혼까지 기다리는 것을 선택했지만, 당신이 그러지 않았기 때문에 엄청난 대가를 치르도록 강요당하게 되는 것이다.

당신이 감염되었다는 것을 알 때 즈음이면 당신의 몸은 이미 손상되었고, 당신도 모르는 사이에 자신이 아끼는 누군가에게 성병을 전염시켰을 수 있다.

그렇다면 당신의 파트너가 감염되었다는 것을 어떻게 알 수 있는가? 알 수 없다. 상대가 스스로 알 수 없다면, 성병에 감염된 파트너를 완전히 차단하는 것은 불가능하다. 보증된 유일한 방법은 평생 동안 한 사람과만 성관계를 갖고, 당신과만 성관계를 맺을 사람을 선택하는 것이다. 증상을 보이지 않는 숨겨진 질병으로부터 당신이 안전할 수 있는 유일한 보증서는 하나님의 계획을 충실히 따르는 것이다.

섹스가 당신을 위험에 몰아넣기 전에 당신의 몸이 경보를 울릴 것이라고 기대해서는 안 된다. 그러나 하나님께서는 분명하게 말씀하신다. "나는 너를 지극히 사랑하며, 너를 보호하여 네가 가장 만족스런 섹스를 경험하도록 해 주고 싶단다. 그러니 기다리렴."

Q&A 14 성병에 걸리면 주사나 항생제로 치료할 수 있나요?

성병의 치료에 관한 한 빠른 해결책은 없다. 25가지 성병 중 19가지는 치료법이 없다.[105] 성병에 일단 감염되면 75% 이상은 할 수 있는 것이 아무 것도 없다는 뜻이다.

질병통제예방센터의 보고서에 의하면 약 6천5백만 명의 미국인이 치료가 불가능한 성병에 감염되어 있다고 한다.[106] 당신은 섹스에 대한 하나님의 계획을 무시하거나 그 중요성을 잊어서는 안 된다. 성병을 잠재적 위험 정도로 인식하는 것으로는 불충분하다. 한 연구는 젊은 여성들이 성병에 대해 안다고 해도 별 영향을 받지 않는다는 것을 보여 준다.[107] 그들이 사실을 안다 해도 그 위험성을 이해하지 못하는 것이다. 내가 차근차근 설명해 주겠다.

HPV(인체유두종바이러스)는 가장 흔한 성병이다. 매년 6백만 명의 미국인이 감염되고 있다. 감염의 최종 결과는 간혹 급성 암으로 나타나기도 한다.[108] 게다가 치료법도 없다. 14세에서 49세 사이의 미국인 중 약 16%는 음부포진(HSV)에 감염되어 있는데, 그 최종결과는 치명적인 감염이 될 수 있다.[109] 치료법도 없다. 미국에서 매년 약 십만 명이 B형 간염에 감염된다. 대략 5천 명 정도가 이 질병과 합병증으로 사망한다.[110] 이것도 치료법이 없다.

성병에 일단 감염되면 75% 이상은 할 수 있는 것이 아무 것도 없다.

HPV 백신과 같이 성병을 예방할 수 있는 몇 가지 방법이 개발된 것이 사실이다. 그러나 앞서 8번 질문에 대한 답변에서 논의한 대로, 그 예방효과는 제한적이다. HPV 백신은 여성에게만 효과가 있으며, 약 30%는 효과가 없다(국립암연구소는 자궁경부암의 30%는 백신으로 예방할 수 없다고 밝히고 있다).[111]

다른 성병들 중에는 치료법이 있는 것도 있지만 대개는 아주 길고 고통스럽다. 치료가 가능한 성병이라 해도 약물에 대한 내성이 문제가 되고 있다. 2006년에는 임질환자의 13.8%가 항생제 치료에 대한 내성을 나타냈는데, 이는 2005년의 9.4%, 2004년의 6.8%, 2004년의 4.1%에 비해 크게 증가된 수치이다.[112]

요점은 부정한 섹스를 즐기면서 현대의학으로 그 대가를 상쇄해 보겠다는 기대를 해서는 안 된다는 것이다. 그렇게 간단한 문제가 아니다. 그 결과는 심각하다 못해 치명적이다. 성병이 가져다 줄 수 있는 피해로부터 당신 자신을 보호하는 유일한 길은 애초에 감염되는 것을 피하는 것이다.

Q 15 성병이 그렇게 쉽게 걸리지는 않잖아요?

A

연구에 연구를 거듭한 결과 젊은이들은 혼외 섹스의 위험에 대해 놀랄 만큼 무지하며, 특별히 성병에 노출될 위험에 대해 무지하다는 것이 밝혀졌다.

연구의 결과를 대충 살펴보아도 성적으로 문란한 젊은이들에게 있어서 성병의 감염은 예외적인 일이 아니라 정상적인 일이라는 것이 명백하게 드러난다. 자, 사실을 살펴보자.

1. 질병통제예방센터는 매년 1천9백만 건의 새로운 성병 감염환자가 발생하는 것으로 추산한다. 그중 거의 절반이 15세에서 24세의 젊은이들이다.[113]

2. 오늘날 7천만 명이 넘는 미국인이 어떤 형태든지 성병을 가지고 살고 있다.[114]

3. 성적으로 문란한 십대의 약 25%가 매년 성병에 걸리고 있

다.[115]

4. 한 연구보고서는 25세가 되기까지 미국 젊은이의 절반이 성병에 걸린다고 밝혔다.[116]

이 숫자는 단지 연구보고서에 근거한 성병감염자의 수인 것을 기억하기 바란다. 우리는 증세가 나타나지 않거나 부끄러움 때문에 보고서에 올라가지 않은 성병감염자들이 아주 많다는 것을 잘 알고 있다. 위의 통계숫자만 가지고도 성병에 감염된 섹스 파트너를 만날 가능성이 어느 정도인지

하나님의 계획을 존중한다면, 성병에 대한 두려움 없이 섹스를 즐길 수 있다.

를 알 수 있지만, 실제로는 그 가능성이 훨씬 높을 것이라는 이야기다.

당신이 십대 청소년으로 결혼 전에 성관계를 갖는다면, 매년 성병에 감염될 위험이 최소한 25%가 된다.[117] 만약에 우리가 벼락에 맞을 확률이 25%가 된다면, 아무도 폭풍우가 칠 때에 바깥에 나가려 하지 않을 것이다. 하지만 오늘날 젊은이들은 최소한 한 가지 이상 치명적인 결과를 초래할 수 있는 성병에 감염될 공산이 큼에도 불구하고 자신의 삶을 기꺼이 위험에 노출시키고 있다.

카이저가족재단(Kaiser Family Foundation)의 최근 한 연구에 따르면, 젊은이들은 성병에 노출될 약간의 위험을 감수하고라도 성적으로 실험해 볼 수 있다는 생각에 속아 왔다고 이야기한다.[118] 이 연구는 몇

가지 위험천만한 신화에 대해 밝히고 있다. 이 엉터리 같은 신화들을 엄연한 진실로 깨뜨려보자.

신화 #1: 성병은 증세가 있을 경우에만 전염된다.

카이저가족재단의 연구는 25%의 십대 청소년들이 성병을 가지고 있는 상대와 만나게 될 때는 자신이 그 사실을 알 것이라고 했으며, 20%는 성병은 그 증세가 나타났을 경우에만 전염될 수 있다고 생각한다고 밝혀 준다.[119]

진실: 성병에 감염된 사람들 대부분이 그 사실을 모른다.

성병감염자의 87%가 아무런 증세를 보이지 않는다.[120] 에이즈 바이러스(HIV)를 비롯하여 성교에 의해 전염되는 몇몇 바이러스는 15년이나 되는 기간 동안 아무 증세 없이 인체 내에 잠복할 수 있다.[121]

"계획된 부모 되기(Planned Parenthood)"와 같은 정부기구의 정책 중 하나는 젊은이들로 하여금 파트너에게 성병에 감염되었는지 묻도록 훈련하는 것이다. 그러나 실상은 당신의 파트너가 자신의 몸 안에 성적으로 전염된 질환이 있는지 없는지를 대부분은 알 수 없다는 것이다. 또 알고 있다고 하더라도 자신의 건강 상태에 대해 정직하지 않을지 누가 알 수 있겠는가. 이것을 기억해야 한다. "달아오른 호르몬은 의식이 없다." 만약 한창 열이 올랐을 때 당신이 상대가 성병에 걸리지 않았는지 물어볼 순간을 포착했다면, 대부분은 이미 달아올랐기 때문에 말하려 하지 않을 것이다. 보다 안전한 섹스 옹호자들은 당신 자신을 보호하는 방법으로 "상대에게 물으라"고 말할 것이다. 잘 생각해 봐야 한다! 당신을 위험에 빠뜨릴지 아닐지도 모르고 있는 상대의 손에 당신의 생명을 맡기겠는가?

신화 #2: 성병은 성적으로 문란한 사람들만 걸린다.

교육을 받은 사람들 중에서 12%는 당신이 많은 사람들과 성관계를 가지지만 않는다면, 성병은 전혀 걱정할 일이 아니라고 말한다.[122]

진실: 단 한 번의 성관계로도 성병에 걸릴 수 있다.

한 연구는 18세 이전에 성관계를 갖는 십대 청소년의 75%는 두 명 이상의 파트너를 가지며, 45%는 네 명 이상의 파트너를 갖는다.[123] 오늘날 세상의 기준으로 두 명이나 네 명과 성관계를 갖는 것을 문란하다고 하지는 않을 것이다. 그러나 고등학교에 다니는 동안 단 한 명의 파트너를 상대한다고 해도 성병에 감염될 확률은 매년 25%이다. 연구자들은 처음으로 성관계를 맺기 시작한 지 2년 안에 성적으로 자유분방한 십대 소녀들의 절반이 최소한 세 가지의 흔한 성병에 감염되는 것으로 추산한다.[124]

신화 #3: 성병은 성기삽입을 통해서만 옮겨진다.

진실: 대부분의 성병은 바이러스이기 때문에 성기삽입을 통하지 않고도 전염될 수 있다.

15세에서 17세 사이의 청소년 90%는 성병이 오럴섹스(oral sex)를 통해서도 전염될 수 있다는 사실을 알지 못한다.[125] 인체유두종바이러스(HPV)와 같은 바이러스는 따뜻하고 촉촉한 피부에서 서식한다. 그것들은 오럴섹스나 성적인 스킨십을 통해서도 전염될 수 있다. 오럴섹스를 비롯한 다른 성행위를 하면서 성기의 삽입을 피한다고 해도 당신 자신을 보호할 수 없다.

섹스에 대해 하나님이 설정해 놓으신 경계를 무시한다는 것은 무시무시한 일이다.

만약 당신이 성병에 감염되지 않고 자유롭게 혼외정사를 할 수 있겠느냐고 묻는다면, 대답은 필시 'No!'일 것이다. "내가 어떻게 하면 섹스의 위험으로부터 최대한 자신을 보호할 수 있나요?"라고 묻는 것이 더 나은 질문이다. 그 대답은 하나님의 계획을 끝까지 고수하라는 것이다.

　성병에 관한 통계들을 잘 살펴본다면, 섹스에 대해 하나님이 설정해 놓으신 경계를 무시한다는 것은 무시무시한 일임을 알 수 있을 것이다. 이와 반대로 하나님의 계획을 존중한다면, 성병에 대한 두려움 없이 섹스를 즐길 수 있다. 항생제나 콘돔, 몸속에 숨어 있는 위험한 바이러스 같은 것들에 대해 걱정할 필요가 전혀 없을 것이다. 그것이 바로 성적 자유이다. 기다리면 대가를 치르지 않는다. 엄연한 사실은 당신이 기다리지 않기로 선택할 때, 위험성은 그 대가가 매우 클 것이라는 것이다.

Q&A 16 성병도 암과 같은 심각한 질병으로 발전될 수 있나요?

카이저가족재단의 연구는 15세에서 17세 사이의 청소년 60%가 성병이 어떤 종류의 암을 유발할 수 있다는 사실을 모르고 있다는 것을 밝혀냈다.[126] 사실은 성병이 암을 비롯한 여러 심각한 질병으로 발전될 수 있다. 이 단순한 사실을 아는 것만으로도 당신의 생명을 지킬 수 있다.

성병이 심각한 질병을 유발할 수 있다는 것의 가장 명백한 증거가 바로 인체유두종바이러스(HPV)이다. 연구자들은 HPV와 암 사이의 뚜렷한 연관성을 발표했다. 실제로 HPV는 자궁경부암의 주요인이다.[127]

당신은 천하무적이 아니다. 당신이 마음껏 성적으로 놀아난다면, 성병에 걸릴 것이다.

UCLA메디컬센터는 자궁경부암 환자의 거의 99%가 HPV에 감염되었던 적이 있다는 것을 밝혀냈다.[128] 세계적으로 자궁경부암의 70% 가량이 HPV와 관련된 것으로 보인다.[129] 존스홉킨스(Johns Hopkins)

의 한 연구는 성적으로 자유분방한 여성의 80%가 그들 생애의 어느 시점에 HPV에 감염되는 것으로 예측된다고 밝혔다.[130] 그 결과, 전 세계적으로 매년 대략 50만 명의 여성들이 자궁경부암 진단을 받는 것으로 나타났다. 그들 중 대략 30만 명의 여성들이 그 질환으로 목숨을 잃는다.[131]

자궁경부암만이 위험의 전부가 아니다. 질병통제예방센터(CDC)는 HPV로 인해 1998년에서 2003년 사이에 자궁경부암과 항문암, 구강암을 비롯하여 2만5천 명의 암환자가 발생했다고 보고했다.[132]

「전염병저널(*Journal of Infectious Disease*)」지에 게재된 한 논문에 따르면, HPV의 항문 감염은 자궁경부 감염만큼이나 흔하다고 한다. 그 결과로, 미국에서 매년 4천6백 명 이상이 항문암(anal cancer) 진단을 받고 있다. 대략 7백 명이 그 질병으로 사망한다.[133] HPV에 감염된 사람이 인후암(throat cancer)에 걸릴 확률은 32배나 높아진다.[134]

당신이 섹스에 대한 하나님의 경계선을 넘어간다면, HPV 같은 성병에 걸릴 위험성은 아주 높아지게 된다. 감염의 최종결과는 암을 비롯한 치명적인 질병이 될 수 있다. 해마다 수천 명의 환자들이 이 가혹한 사실의 결과물로 죽어가고 있다. 당신은 천하무적이 아니라는 것을 기억하길 바란다. 당신이 마음껏 성적으로 놀아난다면, 성병에 걸리게 되고, 그 결과 당신을 죽음에 몰아넣는 암에 걸릴 수도 있다.

Q&A 17 피임약을 복용하면 안전한가요?

입으로 하는 피임, 이름하여 "피임약(pill)"은 1960년대의 문화적 풍경에 혜성과 같이 나타났다. 그것은 "자유연애(free love)"라고 불리는 성혁명의 상징이 되었으며, 성행위를 제한하는 규제를 종결짓는 것으로 보였다. 50년이 지난 오늘날 우리는 섹스가 자유일 수 없다는 것을 배우게 되었다. 그 모든 것을 시작한 작은 알약이 수많은 여성들을 그들의 성적 선택으로 인한 재앙으로부터 지켜내는 데 있어서 한 일은 거의 없다.

피임약은 성병으로부터 당신을 보호해 주지 않는다. 피임약은 성병이 지나간 당신의 몸의 그 어느 부분도 지켜 줄 수 없다. 흔한 성병에는 25종류가 있는데,[135] 이들이 매년 1천9백만 명의 미국인에게 발생하며,[136] 이 질병으로부터 당신을 보호하기 위해 알약이 할 수 있는 일은 아무 것도 없다. 그것은 안전한 섹스와는 아무 상관이 없다.

임신에 관해서는 어떤가? 피임약을 만들어 내는 제약회사들조차

2장 섹스가 몸과 건강에 어떤 영향을 미칠까요? 97

도 100% 효과는 보장할 수 없다고 시인한다. 사용설명서에 기록된 대로 100% 제때에 복용을 했다고 하더라도 임신할 가능성이 있다. 사실상, 피임약의 효과를 보기 위해서는 매일 같은 시간에 약을 복용해야 한다. 어쩌다 하루 약을 복용하지 않거나, 몇 시간 늦게 복용한다고 해도, 당신의 호르몬 수치가 바뀔 수 있고, 따라서 배란이 일어나거나 수정이 가능한 난자가 배출될 수도 있다. 젊은 여성은 생식기관들이 아주 건강하기 때문에 임신의 가능성이 더 높다. 한 연구는 십대 소녀들이 피임약을 복용하고도 피임에 실패할 확률이 13%에 이른다고 한다.[137] 쉽게 말하자면, 피임약을 복용하고 성관계를 가지는 소녀 100명 중 최소한 13명이 원하지 않는 임신을 하게 된다는 것이다. 피임약이 계획되지 않은 임신으로부터 어느 정도 보호해 줄 수는 있지만, 보장되는 것은 아니다.

피임약은 성병으로부터 당신을 보호해 주지 않는다.

정리하자면, 알약은 다음 것들로부터 당신을 보호해 주지 못한다.

* 그 어떤 한 가지 성병
* 상처받은 마음
* 문란한 섹스로 인해 당신의 뇌에 일어나는 정신적 이상
* 혼전섹스에 자주 동반되는 죄책감과 수치심

켈리는 이 모든 것을 잘 알고 있다. 그녀는 결혼할 때까지 성관계를 갖지 않고 기다리려고 했지만, 남자친구인 타일러와 진지한 관계에 들어서게 되면서, 의사를 찾아가 자신이 어떤 선택을 할 수 있는지를 물었다. 의사는 피임약을 복용할 것을 권했고, 켈리는 "만약을 위해서"라고 하면서 그에 동의했다. 켈리와 타일러는 관계를 갖기 시작했다. 켈리는 임신이나 성병에 대해서 염려할 것이 없다고 안심하게 되었다. 자기들이 "안전한 섹스"를 하고 있다고 믿었기 때문이었다. 3개월이 지나 켈리는 성병에 감염된 것을 알게 되었다. 켈리는 분노했고, 당황했으며, 수치스러웠다. 몇 개월 후 켈리와 타일러는 갈라서고 말았다. 그녀는 자신을 보호하기 위해서 할 수 있는 모든 것을 했다고 생각했다. 하지만 피임약은 성병으로부터 그녀를 보호하지 못했고, 성관계에 의해 타일러와의 사이에 형성되었던 강렬한 유대감이 무너졌을 때 그녀가 느낀 아픔으로부터 보호해 주는 데 아무런 도움도 되지 못했다.

진정으로 안전한 섹스는 결혼 안의 섹스에 평생 동안 헌신한 두 사람 사이에만 가능하다.

콘돔은 부정한 섹스로 인한 여러 가지 결과로부터 당신을 보호해 주지 못한다. 피임약도 마찬가지이다. 진정으로 안전한 섹스는 결혼 안의 섹스에 평생 동안 헌신한 두 사람 사이에만 가능하다.

Q18 어떻게 성병을 피할 수 있나요?

성병으로부터 자신을 보호하는 딱 한 가지 보장된 길이 있다. 그것은 결혼할 때까지 섹스를 자제하는 것이다. 이 점은 기독교에서만 아니라 일반 세상에서도 동의하는 것이다. 결혼 전에는 자제하고, 결혼 후에는 정절을 지키는 것이 성병의 감염으로부터 자신을 보호할 수 있는 유일한 보장된 길이다. 문제는 남자든지 여자든지 한쪽만이라도 과거에 다른 사람과 관계를 가졌었다면 안전하다고 할 수 없다는 것이다.

질병통제예방센터의 보고서에도 한 사람과만 관계를 갖는 것이 성병 예방법으로 가장 효과적이라고 되어 있다.[138] '계획된 부모 되기(Planned Parenthood)'에서 발행된 한 보고서는 "절제와 일생 한 사람과만 관계를 갖는 것이 인체유두종바이러스(HPV) 감염을 완전하게 피할 수 있는 가장 효과적인 방법이다."라고 밝히고 있다.[139] 절제교육을 위한 연방 지침서는 절제가 혼외임신이나 성병을 피할 수 있는 유일한 보

장된 방법이라고 밝히고 있다.[140]

하나님께서는 그의 말씀에서 어떻게 가르치시는지 살펴보자.

잠언 5장 18~19절의 말씀을 기억하는가? "네 샘으로 복되게 하라. 네가 젊어서 취한 아내를 즐거워하라. 그는 사랑스러운 암사슴 같고 아름다운 암노루 같으니 너는 그의 품을 항상 족하게 여기며 그의 사랑을 항상 연모하라."

결혼이라는 상황 안에서 당신은 일생 동안 병에 대한 두려움 없이 섹스를 즐길 수 있다.

이 말씀에 언급된 남자는 섹스의 유익을 온전하게 누릴 수 있다. 그는 아무것도 거리낄 게 없다. 그는 족하게 여기며 연모한다. 불안해하거나 위험에 대해 염려하지 않는다. 그의 상대는 누구인가? 바로 그의 아내이다. 파티에서 만난 어떤 여자도 아니고, 그가 알 수 없는 다른 성적 경험을 가진 어떤 여자친구도 아니다. 그가 성병이나 혼외임신의 위험으로부터 100% 완벽하게 보호받을 수 있는 것은 바로 그의 유일한 섹스 상대가 자기 아내이기 때문이다.

고린도전서 6장 13절 말씀은 "몸은 음란을 위하여 있지 않다."고 우리에게 경고하고 있다. 당신이 하나님께서 설정해 놓으신 결혼이라는 경계를 넘어가서 한 명 이상의 상대와 관계를 가질 때에, 당신의 몸은 원래의 계획을 벗어나서 기능하는 것이며 위험은 하늘높이 치솟게 된다.

이 두 가지 시나리오를 상상해 보자.

1. 애쉴리와 아론은 석 달 동안 데이트를 해 왔다. 졸업 무도회날 밤, 아론은 애쉴리를 설득하여 자기가 빌린 리무진 뒷좌석에서 성관계를 가졌다. 그날 이후 애쉴리는 심한 죄책감을 느껴 아론과 헤어졌다. 몇 달이 지난 뒤, 애쉴리는 아랫배에 통증이 느끼기 시작했고 생리가 불규칙해졌다. 그녀는 아론에게 연락을 해서 혹시 성병 검사를 해 보았는지 물었다. 그는 애쉴리 이전에 네 명의 파트너가 더 있었다고 고백했고 검사 받기를 거부했다. 애쉴리가 자신의 문제를 엄마에게 말하기에는 너무 난처한 상황이었다. 또한 성병 검사를 위해 학교의 양호실을 찾는다면 누군가에게 발각될 것 같아서 걱정스러웠다. 애쉴리는 단 한 번 관계를 가졌을 뿐인데 치료법이 없는 질병에 노출되어 매일 걱정에 빠져 있다.

2. 재클린과 마크는 고등학교 3학년 때 사랑에 빠졌다. 그들은 서로 더 가까워지고 싶은 마음이 들 때마다, 결혼할 때까지는 성적인 행위를 하지 말고 기다리기로 약속했다. 그들 중 어느 한 쪽도 섹스 상대를 한 명도 갖지 않았다. 결혼식 날 밤 그들은 성병에 대한 아무 두려움 없이 한 몸이 되었다. 그들은 성병에

걸리게 되지 않을까 하는 두려움 없이 원하는 만큼 자주 관계를 맺을 수 있게 되었다.

하나님께서 결혼할 때까지 섹스를 절제하라고 하시는 것은 당신을 제한하거나 삶에서 재미를 빼앗기 위해서가 아니다. 결혼이라는 상황 안에서 당신은 일생 동안 병에 대한 두려움 없이 섹스를 즐길 수 있다. 당신 자신을 성병으로부터 보호할 수 있는 유일한 길은 당신의 성에 대한 하나님의 계획을 이해하고 그에 따라 사는 것이다.

한 사람과만 관계를 갖는 것이 성병 예방법으로 가장 효과적이다.

Q19 혼전 섹스는 정신 건강과 관계가 있나요?

섹스에 관한 한 하나님께서는 우리에게 기다리라고 하신다. 그분의 마음은 우리를 보호하시고 좋은 것을 주고자 하시는 것이다. 그렇다. 기다림은 성병이나 원치 않는 임신과 같은 신체적 결과로부터 우리를 보호해 준다. 기다림은 또한 우리가 한 명 이상의 상대와 관계를 가질 때 발생하는 신경계의 변화로부터도 우리를 보호해 준다. 그런데 기다림이 우리의 정신 건강까지도 지켜 줄까? 물론이다!

성적으로 문란한 십대 소녀들은 처녀인 또래들에 비해 자살을 시도할 가능성이 세 배나 높다는 사실은 우리에게 경종을 울려 준다.[141] 성적으로 문란한 십대 소년들은 문란한 십대 소녀들에 비해서 자살의 가능성이 두 배나 높다. 성적으로 문란한 십대 소년들은 결혼하기까지 섹스를 유보하는 또래 소년들에 비해 자살을 시도할 가능성이 일곱 배나 높다.[142] 성적으로 문란한 14~17세의 소녀들 중 25%가 거의 항상 우울증 증세를 보인다고 하는데, 이것은 동정인 소녀들의 7.7%에 비해 세 배 이상 되는 수치이다. 성적으로 문란한 소녀들 중 14% 이상이 지난해 자살을 시도했었다고 하는데, 이것은 그렇지 않은 소녀들 중 5.1%에 비해 거의 세 배 수준이다.[143]

십대와 성병에 대해 말하는 사람들은 많다. 하지만 혼전 섹스가 정신 건강에 미치는 파괴적인 대가에 대해서는 아무도 말하지 않는다. 성적으로 문란한 십대 청소년들은 건전한 청소년들에 비해 우울증을 앓거나 자살을 시도할 가능성이 세 배나 높다.[144]

> **성적으로 문란한 십대 청소년들은 건전한 청소년들에 비해 우울증을 앓거나 자살을 시도할 가능성이 세 배나 높다.**

성적건강의학연구소(Medical Institute for Sexual Health)의 프레다 맥키식 부시(Freda McKissic Bush) 박사는 말한다. "우울증이나 자존감 상실을 비롯한 많은 정서적 문제들의 가장 중대한 요인의 하나는 당신이 관계하는 섹스 파트너의 수이다." 그녀의 말은 계속된다. "당신이 더 많은 상대와 성관계를 가지면 가질수록, 당신이 나중에 한 사람과 함께하게 될 때 건강한 인간관계를 맺기가 더 어려워질 가능성이 커진다."[145]

섹스는 행복의 감정을 갖게 하고, 하나 됨과 친밀감을 느끼게 해 준다고 오늘날의 문화는 가르친다. 그러나 실상은 그토록 만족스러운 것은 아니다.

미국보건대학(American College of Health Association)은 최근 한

연구보고서에서 미국 전체 대학생의 43%가 제 기능을 하기 어려울 정도로 우울증을 느꼈으며, 61%가 그 전 해에 모든 일에 절망감을 느끼는 시간들을 경험했다고 밝혔다.[146] 이른 성적 경험과 절망감이나 우울증 사이의 연관성을 우연이라고 볼 수는 없다.

한 사람이 우울증 증세를 치료하고자 할 때 문제가 혼합될 수 있다. 항우울제의 두드러진 부작용은 성기능장애이다.[147] 성행위의 결과로 우울증이 올 수 있으며, 우울증을 치료하기 위해 처방하는 약물치료의 결과로 정상적인 성기능에 장애를 가져오게 된다는 것이다.

부정 성행위의 정신적 폐해는 우울증만이 아니다. 컬럼비아대학교(Columbia University)의 한 연구는 성적으로 문란한 십대 청소년들은 마약류의 사용 비율이 높다는 것을 밝혀냈다.[148] 성적으로 문란한 젊은이들은 자신들의 선택에 대한 결과로 죄책감을 더 많이 경험하기도 한다. 성경험을 가진 십대의 3분의 2 가량이 기다리는 편이 나았을 것이라고 말한다.[149] 다시 회복할 수 없는 것을 던져 버린 것에 대한 죄책감은 어떤 다른 결과보다도 오래갈 것이 분명하다.

혼외 섹스의 가장 치명적인 감정적 결과의 하나는 마음의 상처이다. 뇌의 신경화학적 반응이 섹스와 연관성이 있기 때문에 섹스를 사랑으로 착각하기가 쉽다. 옥시토신의 분비 때문에 섹스는 파트너와 강한 유대감을 갖게 만든다. 섹스는 항상 감정적 유대감을 형성한다. 이 유대감이 깨질 때, 치명적인 상처를 입게 된다.

결혼 내의 섹스는 안전을 보장한다. 혼외 섹스는 불안전, 죄책감, 우울증, 절망, 근심으로 이끈다.

하나님께서 섹스에 관해 설정하신 경계선을 무시하면 반드시 치러야 하는 영적인 대가도 있다. 히브리서 13장 4절은 "모든 사람은 결혼을 귀히 여기고 침소를 더럽히지 않게 하라. 음행하는 자들과 간음하는 자들을 하나님이 심판하시리라."고 말씀하신다.

간단히 말해서, 결혼 밖의 섹스는 죄이고, 죄는 항상 우리를 하나님으로부터 분리시킨다. 하나님의 경계선을 무시하면 하나님의 나라에서 열매를 맺을 수 없고, 축복이 차단되며, 간증이 줄어들게 된다.

결혼 내의 섹스는 안전을 보장한다. 혼외 섹스는 불안전, 죄책감, 우울증, 절망 그리고 근심으로 이끈다.

우리의 성적 선택이 우리의 정서뿐 아니라 궁극적으로 삶 전체의 행복에 영향을 미친다는 것을 하나님께서는 아신다. 그렇기 때문에 잠언 4장 23절 말씀은 이같이 경고한다. "모든 지킬 만한 것 중에 더욱 네 마음을 지키라. 생명의 근원이 이에서 남이니라."

토의를 위한 질문

1. 과학은 가장 큰 성적 쾌락은 당신의 뇌에서 일어나는 일이라는 것을 입증해 냈습니다. 다른 말로 하면, 섹스는 실제로는 정신적 행위라는 것입니다. 이것은 섹스에 대해 우리 문화가 가르치고 있는 것과 어떻게 대조됩니까?

2. 당신은 왜 하나님께서 우리의 뇌를 우리가 이십대 중반이 될 때까지 미래의 결과에 근거하여 완전히 결정을 내릴 수 없도록 설계하셨다고 생각하십니까?

3. 노르에피네프린(norepinephrine)은 고도의 감정적, 감각적 경험을 일으키며 그 경험을 다시 기억하도록 당신의 뇌 속에 저장시킵니다. 당신의 뇌에 저장된 경험이 있다면 어떤 것입니까? 당신이 그 경험을 할 때 왜 노르에피네프린이 분비되었다고 생각합니까?

4. 성병의 감염이 광범위하게 일어나고 있다는 사실에 대한 당신의 반

응은 무엇입니까?

5. 9번 질문에 대한 답을 읽기에 앞서, 당신은 가장 흔한 성병인 HPV(인체유두종바이러스)에 대해 얼마나 알고 있었습니까? 거기에 제시된 정보가 일반적인 성병에 대한 당신의 시각을 어떻게 변화시켰습니까?

6. 젊은이들 사이에 성병이 급속하게 확산되는 것을 막기 위해서 어른들이 십대들의 성병 문제에 대해 어떻게 접근해야 할까요?

7. "안전한 섹스"라는 메시지가 거짓말이라는 것을 알았을 때 당신의 느낌은 어땠나요?

8. 콘돔과 알약이 성병으로부터 당신을 보호하는 데 거의 혹은 전혀 도움이 되지 않는다는 것을 알게 된 것이 당신으로 하여금 성적인 행동을 피하게 하는 동기가 되었나요? 왜인가요?

9. 13번 질문의 답 마지막 부근의 두 가지 시나리오를 다시 읽어보세요. 당신이 이 이야기에 설명된 관계 중 어느 하나에 있다면 어떻게 반응하겠습니까? 당신의 성적 선택이 당신의 미래 배우자나 자녀들

에게 미칠 영향을 상상하는 것이 당신의 성적 선택에 영향을 줍니까?

10. 당신의 동료들 사이에서의 성병에 대한 일반적인 태도를 어떻게 설명하겠습니까? (예: 걱정한다, 무관심하다, 무시한다, 우습게 여긴다 등)

3장
이런 섹스는 안전한가요?

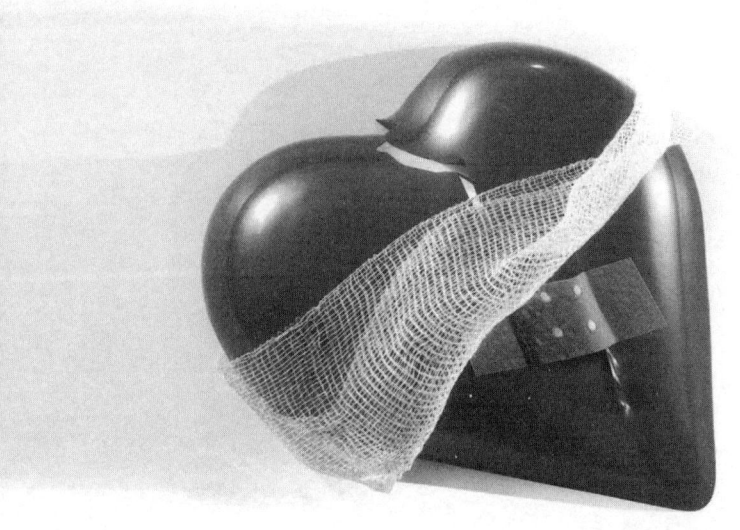

Q 20 항문성교는 괜찮은가요?
A

항문성교(anal sex)도 섹스다. 하나님께서 성적 부도덕(음행, 고전 6:18)을 피하라고 말씀하셨는데, 항문성교가 여기에 포함된다.

사실은 항문성교가 일반적인 성교에 비해 훨씬 더 위험한 행동이다. 항문성교의 결과로 임신은 불가능하지만, 성병 감염은 가능하다. 실제로, HPV(인체유두종바이러스)의 항문 감염은 자궁경부만큼이나 흔하게 나타난다. 11번 질문에 대한 답변에서 여성의 자궁경부의 내벽은 원주세포로 덮여 있다고 말한 바 있다. 원주세포는 질병에 대해 매우 잘 받아들이는 성질을 가지고 있다. 여성의 나이가 20대 중반에 이르면 자궁경부가 단단해지면서 원주세포는 편평상피세포(역자 주: 비늘 모양의 납작한 세포가 한 층으로 이루어진 상피)로 대치되는데, 이것은 성병에 대한 수용성이 훨씬 적다. 우리의 구강(입)과 항문도 역시 원주세포로 덮여 있다. 하지만 그 원주세포들은 절대로 편평상피세포로 바뀌지 않는다. 우리 신체의 이 부분들은 항상 성병에 대해 매우 민감하게 열려져 있는 셈이다.[150] 이 위험스런 대체 성행위를 실험하는 젊은이들은 자신의 신체에서 질병에 극도로 취약한 부분들을 노출시킴으로써 치명적으로 파괴적인 위험을 자초하는 것이다.

성기를 통해 전염될 때 HPV가 자궁경부암을 유발할 수 있는 것과 같이, 항문성교를 통해 감염될 때 항문암을 유발할 수 있다. 암울한 현실은 미국에서 매년 4천6백 명 이상이 항문암 진단을 받으며, 7백 명 가까운 사람들이 이 질병으로 사망한다는 것이다.[151] 학자들은 최근 항문암의 발생빈도가 증가하고 있다는 점에 주목하고 있다.[152]

오럴섹스와 항문성교가 한때 금기시되었음에도 불구하고, 일부 청소년들은 기술적으로 동정을 유지하기 위한 수단으로 그것들에 관심을 돌리기도 한다. 그러나 중대한 대가를 치를 수 있음을 명심해야 한다.

성행위는 항상 정서적 요소를 동반한다. 당신이 신체적으로 흥분하게 되면, 성기를 통한 성교가 아니더라도 뇌에서 분비되는 옥시토신이나 바소프레신, 도파민 같은 화학물질들이 당신으로 하여금 파트너와 유대감을 갖게 만든다. 오럴섹스나 항문성교를 선택한다고 해도, 당신은 스스로 19번 문항에서 언급한 부작용을 경험할 상황에 처하게 되는 것이다.

요컨대 항문성교도 섹스다. 섹스와 똑같은 결과를 초래한다. 그것도 섹스와 똑같은 부가물들을 만들어 낸다. 그것이 떠오르는 유행이라고 해도, 많은 사람들이 믿는 것처럼 안전한 대안이 아닌 것은 분명하다.

항문성교의 건강상 위험이나 정서적 함정 등에 상관하지 않는다 하더라도, 그것이 하나님의 기준에서 벗어난다는 점이 가장 중요한 사실이다.

아가서에서는 세 차례에 걸쳐(2:7, 3:5, 8:4) 너무 일찍 사랑에 눈뜨거나 자극받는 것을 경고하고 있다. 항문성교는 성기에 의한 성교만큼이나 자극을 유발한다. 그러한 느낌은 결혼 밖에서 경험하도록 허용된 것이 아니다. 마태복음 5장 28절에서 예수님은 음욕을 품는 것을 간음죄를 짓는 것과 똑같이 여기셨다. 음욕을 품지 않고 항문성교를 하는 것은 불가능하다. 신체적, 정신적 반응은 성관계를 가질 때와 다름이 없다.

> **하나님께서는 당신의 성적 경험의 모든 부분을 소중히 여길 것을 요구하신다.**

하나님의 기준은 당신의 동정을 기술적으로 타협하고자 하는 성적 행동에 대해 지지하지 않는다. 하나님께서는 당신을 치명적일 수 있는 정서적, 신체적 피해로부터 보호하기 위해서 당신의 성적 경험의 모든 부분을 소중히 여길 것을 요구하신다.

Q21 오럴섹스도 진짜 섹스인가요?

카이저패밀리재단과 「세븐틴(*Seventeen*)」잡지가 주관한 전국조사 A 2003 시리즈는 15~17세의 십대 청소년의 절반이 오럴섹스는 섹스가 아니라고 믿고 있다고 밝혔다.[153] 대학생의 약 60%가 오럴섹스를 섹스가 아니라고 정의를 내린다.[154] 아마도 그렇기 때문에 15~19세의 미국 십대 청소년의 절반 이상이 오럴섹스 경험이 있고, 18~19세에 가서는 조사대상의 70%까지 그 수치가 올라가는 것 같다.[155]

오럴섹스는 50~70%의 젊은이들이 즐기는 하나의 중요한 사회적 통념이 되어버린 듯하다.[156] 그것이 매력을 끄는 이유 중 하나는 오럴섹스는 섹스가 아니라는 공통의 정서인 듯하다. 실제로 어떤 학생들은 자신들의 순결을 유지하는 방안의 하나로 오럴섹스를 선호한다고 밝히기도 한다. 그들은 오럴섹스를 성적 친밀감과 만족을 얻으면서 동정을 지키는 방법으로 보고 있다. 그렇다면 오럴섹스를 하는 사람을 진정 성적으로 순결하다고 할 수 있겠는가? 더 직접적으로, 오럴섹스는 진짜 섹스인가? 단순한 단어해석으로 답을 얻어 보자.

'섹스(sex)'를 사전적으로 정의하면 "성적으로 유발된 현상 또는 행동"이다.[157] 젊은이들이 오럴섹스에 사로잡히는 거대한 추세는 확실히 하나의 현상으로서의 조건을 갖추고 있다. 어떤 행동이 성적으로 유발되었다는 것을 어떻게 밝혀낼 수 있는가? 자신에게 물어보라: 그것이 성기들에 흥분, 자극, 만족감을 초래하는가? 그 답은 확실하게 "그렇다."이다.

핵심은 오럴섹스를 하는 동안에 당신의 신체는 성관계를 가질 때와 똑같이 반응한다는 것이다. 당신의 호르몬은 흥분한다. 당신의 성적 기관들은 반응한다. 당신의 뇌는 신경화학물질들로 채워져 인간 강력접착제처럼 당신으로 하여금 파트너에게 유대감을 갖게 만든다. 도파민의 폭발적인 분비로 인해 당신은 똑같은 행동을 더욱 더 갈망하게 된다. 당신의 몸은 그것을 섹스로 생각한다. 당신의 뇌도 그것을 섹스로 생각한다. 당신의 마음도 그것을 섹스로 생각한다. 오럴섹스는 섹스다.

**당신의 몸은 그것을 섹스로 생각한다.
당신의 뇌도 그것을 섹스로 생각한다.
당신의 마음도 그것을 섹스로 생각한다.
오럴섹스는 섹스다.**

명백하게, 성기의 삽입만이 섹스의 유일한 방법이 아니다. 나는 다음 네 가지 상황을 섹스로 규정한다.

1. 구강-성기(오럴섹스)
2. 손-성기(성적 터치)
3. 성기-성기 접촉
4. 성기 삽입

위의 네 가지 상황은 모두 당신의 몸 안에서 신체적 화학적 반응을 일으킨다. 네 가지 상황은 모두 당신과 파트너 사이에 유대감을 만들어낸다. 네 가지 상황은 모두 당신을 성병의 감염 위험에 노출시킨다. 이 행동 중 어느 하나만이라도 실행한다면 당신은 성행위를 하는 것이다.

Q 22 오럴섹스를 하면서 동정을 유지할 수 있을까요?

A 성적으로 문란한 청소년의 4분의 1가량은 성교를 피하기 위한 수단으로 오럴섹스(oral sex)를 한다고 답했다.[158] 학생들은 오럴섹스가 동정을 잃지 않고도 성적 쾌락의 친밀감을 얻게 해 준다고 대답한다. 하지만 오럴섹스를 주고받는 사람을 여전히 동정이라고 말할 수 있을까?

21번 문항에서 섹스를 성적으로 유발되고 성적 반응을 일으키는 행동이라고 답한 것을 기억하라. 오럴섹스는 성교와 똑같이 당신의 몸과 뇌, 그리고 관계에 영향을 미친다. 오럴섹스는 섹스다.

오럴섹스를 하고 있는 당신은 아직 동정인가? 신체적으로는 그렇다고 할 수 있겠지만, 그것은 사소한 절차상의 문제일 뿐이다. 하나님께서는 당신에게 기술적인 동정을 유지하라고 요구하시지 않는다는 것을 기억하라. 하나님은 당신에게 "너의 첫날밤 침대를 정결하게 지키라."고 요구하신다.

히브리서 13장 4절은 말씀한다. "모든 사람은 결혼을 귀히 여기고 침소를 더럽히지 않게 하라." 7번 질문에 대한 답에서 순결에 대한 최고의 정의로 "이질적인 요소를 포함시키지 않는 것"을 채택했다. 당신이 오럴섹스를 포함하여 감정적으로나 감각적으로 흥분한 상태에 있을 때에는 당신의 뇌가 노르에피네프린 (norepinephrine, 부신수질호르몬)을 분비하게 하며, 그 사건에 대한 기억을 차곡차곡 저장한다.[159] 당신은 오럴섹스 경험에 대한 기억을 당신 부부의 침대에까지 가져갈 것이며, 그 기억은 하나님께서 명령하신 대로의 순결함과 명예로움을 앗아갈 것이다.

오럴섹스는 성교와 똑같이 당신의 몸과 뇌 그리고 관계에 영향을 미친다.

이 프로젝트를 위한 한 인터뷰에서, 한 젊은 청년사역자는 이렇게 말했다. "제 아내가 매주 만나서 삶에 대한 이야기들을 나누는 여자들의 모임에서 집으로 돌아왔습니다. 성에 대한 이야기가 화제로 올라왔을 때, 제 아내가 제게 말했습니다. '당신은 믿지 못할 거예요. 지금은 결혼해서 행복한 결혼생활을 하고 있는 여자들 중에 결혼 전에 오럴섹스 경험을 가진 사람들이 있거든요. 그런데 그 중에 어떤 여자들이 그 일 때문에 상담을 받고 있는 사람들이 있는데, 왜냐하면 그 기억 때문에, 생각 속에 그 장면들이 고정되어서 지금 깊이 영향을 끼친다는 거예요.'"

성교에 대한 대안으로 오럴섹스를 하기로 선택하는 것이 그 성적인 경험에 대한 기억이 당신의 뇌에 저장되는 것을 막지는 못한다. 다음 질문에 대한 답변에서 우리가 배우게 될 것은 오럴섹스가 치명적인 질병으로부터 당신을 보호해 주지 못한다는 것이다.

하나님께서는 당신이 기술적으로 순결을 유지하면서 성적으로 문란한 것을 원하시지 않는다. 하나님은 당신 부부의 침실이 모든 성적인 경험과 함께 나오는 기억과 결과들로부터 자유롭게 되기를 원하신다.

> **하나님은 당신 부부의 침실이 모든 성적인 경험과 함께 나오는 기억과 결과들로부터 자유롭게 되기를 원하신다.**

에베소서 5장 3절은 말씀한다. "음행과 온갖 더러운 것과 탐욕은 너희 중에서 그 이름조차도 부르지 말라. 이는 성도에게 마땅한 바니라." 하나님께서는 다른 행위를 회피하기 위해서 어떤 성행위에 가담하는 것을 허락하지 않으신다. 하나님은 당신의 결혼 첫날밤과 그 이후를 위해 모든 것을 지킬 것을 당신에게 요구하신다. 하나님께서 원하시는 것은 당신을 보호하시고 최대한의 성과 친밀감을 위한 기회를 제공하시고자 하는 것이다.

Q23 오럴섹스는 더 안전한가요?

수많은 십대 청소년들이 난잡한 성행위로부터 오는 위험을 피할 수 있다고 믿으면서 섹스의 전율을 즐기기 위해서 오럴섹스를 선택하고 있다. 이것은 고통스럽고도 아마도 치명적인 논리의 오류일 수 있다.

최근의 한 연구는 젊은이들이 오럴섹스를 "진짜" 섹스로 여기지 않고, 자신들의 난잡한 성적 행태로부터 오는 부정적인 결과들을 두려워하지 않는다는 것을 밝히고 있다.[160] 오럴섹스를 통해서 임신이 되지 않는 것은 사실이지만, 오럴섹스를 직접적인 성교에 대한 "안전한" 대안으로 여겨서는 안 된다.

임상적인 연구 결과 오럴섹스는 임질, 매독, 포진, 인체유두종바이러스(HPV)와 연관이 있다.[161] 실제로, 당신이 다섯 명의 상대와 오럴섹스를 가진다면, 성병에 걸릴 가능성이 250% 증가하게 된다.[162] 특별히 오럴섹스는 당신으로 하여금 제1의 성병인 HPV 감염과의 충돌을 피할 수 없게 한다. 「뉴잉글랜드의학저널(*The New England Journal of Medicine*)」은 여섯 명 이상의 상대와 오럴섹스를 하는 사람에게 HPV 감염의 위험은 아홉 배나 더 높아진다고 보고하고 있다.[163] 그게 무슨 문제냐고? 구강 HPV 감염은 구강암(oral cancer)에 걸릴 가능성을 3,200%(32배)나 높여 주기 때문이다.[164] 연구가들은 세계적으로 오럴섹스의 인기 및 수용도와 구강암 발생 사이에 직접적인 상호 연관성이 있음을 밝혀냈다.[165]

1970년대에는 HPV가 구강암의 25% 미만으로 나타났다. 1990년도에는 구강암 환자의 57%에게서 HPV가 나타났다. 2000년도에는 이 비율이 68%로 뛰어올랐다. 2007년에 이르러 미국 내에서 HPV는 구강암의 73%와 관련되었다.[166]

> 오럴섹스를 통해서 임신이 되지 않는 것은 사실이지만, 오럴섹스를 직접적인 성교에 대한 "안전한" 대안으로 여겨서는 안 된다.

가혹한 현실은 오럴섹스가 당신을 심각한 질병 감염의 위험에 빠뜨린다는 것이다. 오럴섹스에 가담하는 것은 또한 심리적, 영적으로 좋지 않은 중대한 결과를 초래한다. 오럴섹스는 당신과 상대방 사이에 유대감을 형성할 것이다. 그 관계가 끝난 후에도, 당신은 현재 관계하고 있지 않는 어떤 사람과 연결되어 있다는 것으로 귀결되는 고통이 남게 된다. 많은 젊은 여성들이 오럴섹스를 할 때 학대받는 느낌을 받게 되며, 남자에게 오럴섹스를 하는 동기가 인기를 얻고 "남자들을 만족시키기" 위한 것으로 느낀다고 답했다. 그 결과로 인기나 만족감이 따라

오지 않을 때는 죄책감이나 수치심, 난처함, 분노 등의 느낌이 남게 된다.

오럴섹스로 임신이 되지 않는다는 것은 사실이지만, 그렇다고 해서 절대 안전하다고는 할 수 없다. 여전히 성병에 걸릴 수 있다. 암에도 걸릴 수 있다. 여전히 상처를 받게 된다.

오럴섹스로부터 오는 결과로서 심신을 약화시키고 치명적일 수 있는 현실은 당신이 얻을 수 있는 어떤 순간적인 쾌락보다 더 크다. 당신이 그 대가를 잘 이해하고 당신 자신을 해로운 길에 두지 않기를 바란다.

Q 24 섹스는 두 사람 사이의 사적인 행동이 아닌가요?

A 닫힌 문 뒤에서 일어난 일은 닫힌 문 뒤에만 머무르지 않는다. 섹스는 사적인 행위(private act)가 아니다. 섹스에 가담한 각 개인이 치러야 할 대가가 있다. 또한 그 사람들과 연관되어 있는 사람들이 치러야 할 대가가 있으며, 궁극적으로 사회 전체가 치르는 대가가 있다.

많은 사람들이 섹스는 두 사람 사이의 사적인 행위라고 말한다. 닫힌 문 뒤에서 벌어진 일은 어느 누구도 간섭할 수 없다고 하고, 정부는 사적인 성행위에 영향을 미칠 만한 어떤 법도 제정할 권리가 없다고 하며, 학교도 성행위를 안내하는 어떤 원리도 가르쳐서는 안 된다고 하고, 교회도 섹스와 관련된 일에 대해서는 잠자코 있어야 한다고 말한다. 결국, 그 결과들로 인해 고통 받아야 하는 것은 각 개인이라는 이야기다. 맞는가? 틀렸다!

만약 섹스가 사적인 행동이라면, 왜 정부는 매년 낙태를 위해서 그 막대한 비용을 지불해야 하는가?

만약 섹스가 사적인 행동이라면, 왜 미국 정부는 에이즈 연구를 위해서 수십억 달러의 예산을 집행해야 하는가?

만약 섹스의 결과가 개인에게만 국한된다면, 왜 질병통제예방센터는 성병 치료와 예방을 위해 납세자의 부담으로 그 많은 시간을 들여야 하는가? 그것은 섹스가 단순히 두 사람 사이의 사적인 행동이 아니기 때문이다.

하나님께서 정하신 한도 밖의 섹스를 폭넓게 받아들이는 사회는 큰 대가를 치러야 한다.

미국에서 임신한 십대 소녀 한 사람에 대해 최소한 10만 달러 이상이 납세자에게 부담되며, 매년 100만 명 정도의 십대 소녀들이 임신을 한다는 사실을 알고 있는가?[167]

미혼의 십대 소녀가 공중보건시설에서 출산을 할 경우, 그 비용은 납세자의 부담이 된다. 청소년인 엄마들이 자신들의 아이를 위해 필요한 비용을 지불하기 위해 복지보조비를 받아간다면, 그 부담은 납세자의 몫으로 넘겨진다. 십대 엄마의 버려진 아이들이나 방치된 아이들, 학대받는 아이들이 정부기관에서 보살핌을 받아야 할 경우, 그 모든 비용도 납세자의 부담이 된다.

미국인들은 섹스라는 "사적인 행동"을 위해서 문자 그대로 무지막지한 대가를 지불하고 있다. 그 결과는 닫힌 문 뒤에만 머물러 있지 않으며, 그 성행위에 가담하기로 선택한 개인들에게만 제한되지도 않는다. 우리 사회가 치르는 대가가 있다. 우리의 기관들이 치르는 대가가 있으며, 매해 십대 미혼모들에게서 태어나는 50만 명의 아이들이 치르는 대가가 있다.[168]

당신은 이렇게 말할지도 모른다. "나는 정치에도 관심이 없고, 성에 관한 공공정책에도 관심 없습니다." 하지만 당신은 아마 당신의 파트너가 침대에 끌어들이는 사람의 숫자에는 관심이 있을 것이다.

섹스를 진정 사적인 행동에 머무르게 할 수 있는 단 한 가지 길이 있다. 두 사람 다 결혼 후에 서로만을 상대하는 것이다.

실상은 당신이 섹스를 할 때마다, 그 한 사람과 섹스를 하는 것이 전부가 아니라는 것이다. 당신은 당신의 파트너가 상대한 모든 사람들과 관계를 갖는 것이며, 그 모든 사람들이 일생 동안 관계를 가진 모든 파트너를 상대하는 것이다. 그 모든 만남에 대한 기억들이, 전에 언급한 것과 같이, 당신의 머릿속에 저장된다. 당신이 알지 못하는 사이에 옮기는 질병들이 이 사람에게서 그 상대방에게, 또 다른 상대방에게 전해질 것이다. 당신의 결혼 첫날밤에, 당신과 섹스를 했던 모든 사람들과 그들의 파트너들, 또 그들의 파트너들, 그리고 그들의 파트너들이 당신의 결혼 침실에 들어올 것이다.

나는 언젠가 이런 질문이 적힌 팸플릿을 받아본 적이 있다. "당신이 어젯밤에 관계를 가진 64명의 사람들 중 몇 명이나 제대로 알고 있습니까?" 요점은 하나의 성행위는 사람의 수에 따라 추적될 수 있다는 것이다. 어느 한쪽이나 두 사람 모두 성병에 걸린 경우, 섹스는 더 이상 사적인 행동이 아니다.(그 다음 "사적인 행동"에 의해 다른 사람에게 전해지기 때문이다.)

UCLA 학생건강센터의 책임자인 에드워드 위스마이어(Edward Wiesmeier) 박사는 다음과 같이 학생들에게 경고한다. "단 한 번의 접촉으로 다섯 가지 다른 병들이 감염될 수도 있습니다."[169] 정신과 의사인 로렌스 레이콥(Lawrence Laycob)은 말한다. "당신이 섹스에 대해 대수롭지 않게 여긴다면, 다른 사람과 대수롭지 않게 관계를 가진 사람과 만날 대수롭지 않은 기회를 갖게 될 것입니다. 그처럼 당신이 전혀 알지 못하는 세 번째, 네 번째, 혹은 스물다섯 번째 만남이 있을 수 있습니다."[170] 전 의무감이었던 에버렛 쿱(Everett Koop)은 내게 전화를 걸어와 십대 청소년들에게 성적 문란의 실상에 대해 이야기할 때는 더욱 힘 있게 하라고 격려해 주었다. 그는 이렇게 말했다. "당신은 그들에게 그것이 매우 무서운 일이라는 것을 경고해 줄 필요가 있습니다. 오늘날, 당신이 한 여자와 성관계를 갖는다면, 그것은 단지 그 여자 한 사람과만 관계를 갖는 것이 아니고 지난 10년간 그 여자가 상대한 모든 사람들과 관계를 갖는 것입니다."[171]

하나님께서 정하신 한도 밖의 섹스를 폭넓게 받아들이는 사회는 큰 대가를 치러야 한다.

섹스는 사적인 행동이 아니다. 그것은 닫힌 문 뒤에만 머무르지 않는다.

섹스를 진정 사적인 행동에 머무르게 할 수 있는 단 한 가지 길이 있다. 두 사람 다 결혼 후에 서로만을 상대하는 것이다. 섹스를 향한 하나님의 계획은 이것이다. 일부일처(monogamous)의 남자가 일부일처의 여자와 결혼하여 일부일처의 관계를 맺는 것이다. 이 상황 하에서는 혼인 관계에 어떤 다른 파트너가 끼어들 자리가 없으며, 몸에 숨겨진 어떤 질병이 이 사람에게서 저 사람에게로 전달될 수 없고, 혼외 임신에 대한 어떤 우려도 있을 수 없다. 이것이 가벼운 섹스의 값비싼 대가를 제거하는 단 하나의 확실한 길이다. 서로에게 헌신하는 혼인관계에서만 두 사람 사이의 섹스가 "사적인 행동"으로 여겨지는 데 가까이 갈 수 있다.

토의를 위한 질문

1. 당신은 왜 혼전 섹스와 우울증/자살 사이에 상호연관성이 있다고 생각합니까?

2. 당신의 삶에 있어서 죄(성적인 것이나 그 외의)에 대해서 생각해 보세요. 결국, 그 죄는 어떤 느낌을 가져다줍니까?

3. 다음 문장을 생각할 수 있는 대로 많은 단어로 끝맺어 보세요.
   결혼 밖의 섹스가 가져다주는 감정은 .... 입니다.
   결혼 안의 섹스가 가져다주는 감정은 .... 입니다.

4. 당신이 읽은 내용에 근거해서 섹스의 정의를 내려 보세요. 성기 삽입 이외에 어떤 행위들이 이 정의에 포함됩니까?

5. 당신은 왜 젊은이들이 오럴섹스와 같은 성행위들을 "진짜 섹스"가 아니라고 받아들이는 경향이 높아진다고 생각합니까?

6. 결혼 전에 오럴섹스를 경험한 것 때문에 상담을 받고 있는 친구에 대해 남편에게 말한 아내의 이야기를 떠올려 보세요. 섹스가 뇌에 어떤 영향을 미치는지에 대해 당신이 알고 있는 것에 근거해 볼 때, 당신은 왜 그 여자들이 오래 전에 경험한 오럴섹스로 초래된 감정적 결과 때문에 아직도 시달리고 있다고 생각합니까?

7. 이 문장을 끝맺어 보세요.
오늘날의 문화는 성기를 삽입하는 행위만을 섹스라고 말하지만, 하나님의 기준에 의거해 볼 때, 섹스는 모든 .... 이다.

8. 특별히, 당신이 기술적으로 순결을 유지하는 한도 내에서 성행위를 해도 괜찮다는 거짓된 말에 어떻게 노출되었는지 말해 보세요.(예: 친구, 어떤 TV 프로그램, 영화 등)

9. 당신이 미래의 배우자에 대해 생각할 때, 그 사람이 당신과의 성적 친밀감을 위해 어느 단계까지 남겨 놓기를 원합니까?

10. 오럴섹스의 위험에 대해서 가장 당신을 놀라게 한 것은 무엇입니까?

4장
결혼 전의 섹스는 정말 안 되나요?

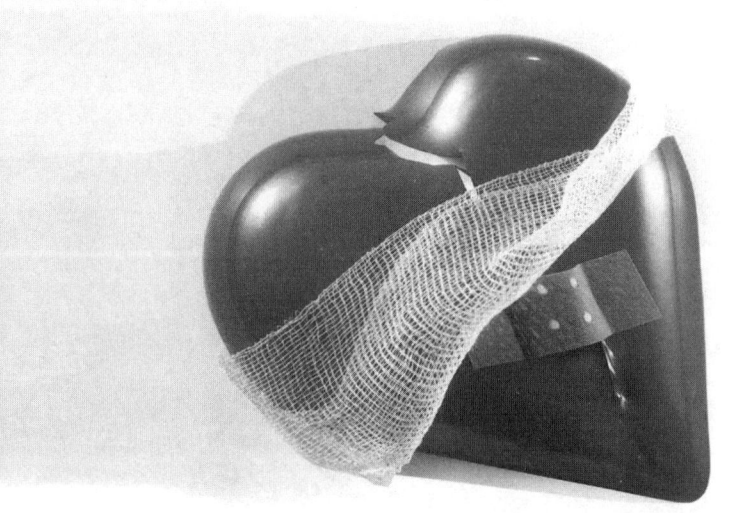

Q 25 우리가 먼저 함께 살아 보는 것이 더 낫지 않을까요?

1950년대에는 여자 열 명 중 아홉 명이 먼저 상대방과 살아보지 않고 결혼했다. 1990년대에는 1/3의 커플이 "예(I do)"라고 결혼서약을 하기 전에 동거(cohabitation)했다. 오늘날에는, 결혼에 앞서 동거하는 경우가 모든 결혼의 절반 이상이다.[172] 1980년 이래로, 동거하는 커플의 수가 1,000%로 증가했다.[173] 그러나 통계가 명백하게 보여 주듯이, 사회적으로 받아들여진다고 해서 동거가 최선이라는 의미는 아니다.

동거가 "그래서 그들은 행복하게 살았다"로 끝나는 경우는 매우 드물다. 동거하는 커플의 40%가 결혼하기 전에 헤어진다.[174] 결혼까지 골인하는 사람들 중에서는 결혼 전에 동거했던 커플들은 그렇지 않은 커플들에 비해서 이혼할 가능성이 거의 두 배가 된다.[175]

인간적인 관점에서 보면, 함께 살아 보는 것이 괜찮은 생각처럼 보일 수도 있다. 그것은 커플들에게 많은 시간을 함께 보낼 수 있게 해 준다. 경제적으로도 두 살림을 유지하는 것보다 싸게 먹힌다. 대부분의 동거커플들이 동거를 결혼이 요구하는 총체적 헌신을 하지 않고 자신들의 관계가 매일매일 부딪히는 삶의 도전들에 맞설 수 있는지를 알아 보는 "시운전"으로 본다. 그들은 이렇게 생각한다. "잘 안 되면, 골치 아픈 이혼의 상처나 부담 없이 간단하게 갈라설 수 있을 거야." 그러나 연구결과는 실상이 다르다는 것을 밝혀 준다.

문화는 결혼은 구속하는 것이며, 결혼한 부부는 그들의 "족쇄"의 속박으로 인해 불만족하게 된다고 가르칠 수도 있다. 그러나 연구결과는 결혼한 부부들이 동거하는 사람들보다 실제로 더 행복하게 지낸다는 것을 보여 준다. 그 사실들은 다음과 같다.

1. **결혼한 사람들이 성관계를 더 많이 갖는다.**
   - 남편들의 48%가 섹스에서 정서적으로 지극히 만족한다고 말하며, 50%가 섹스에서 육체적으로 충족을 얻는다고 말한다.
   - 동거하는 남성의 37%가 섹스에서 정서적으로 지극히 만족한다고 말하며, 39%가 섹스에서 육체적으로 충족을 얻는다고 말한다.

2. **결혼한 남성들이 더 오래 산다.**[178]

- 결혼하지 않은 남자들의 사망률이 결혼한 남자들보다 더 높다.
- 결혼하지 않은 남자들의 수명은 평균에 비해 10년 정도 짧은 것으로 나타났다.

3. **결혼한 사람들이 더 부유하다.**[179]
   - 2009년 통계에 의하면, 결혼한 부부의 1년 평균 가계소득은 58,410달러이다.
   - 독신남성의 경우는 31,399달러로 떨어진다.
   - 독신여성의 경우는 14,843달러에 불과하다.

4. **결혼은 자녀에게도 더 좋다.**[180]
   - 동거 중 임신하는 여성의 비율은 25% 정도이다. 하지만 결혼한 부부의 자녀들이 더 유복한 삶을 누린다.
   - 결혼한 부부 슬하의 자녀들이 일반적으로 학교 성적이 더 좋으며, 중도 탈락하는 비율이 낮다.(13% 대 29%)
   - 결혼한 부부 슬하의 자녀들이 대학 진학률이 더 높다.
   - 결혼한 부부 슬하의 자녀들이 20대 초반에 실직하는 비율이 더 낮다.

결혼의 이점이 분명하게 드러나는 것에 비해, 동거하는 커플들은 여러 면에서 문제점을 이야기한다. 동거 커플들은 흔히 의사소통에 어려움을 갖게 된다. 동거 커플들은 또한 충돌하는 기대감으로 인해 고통을 겪는다. 남자들은 함께 사는 것을 서로 헌신할 것인가를 알아보는 단계로 보는 데 비해, 여자들은 그것을 헌신으로 향해 가는 과정으로 본다. 커플들은 결혼이 어떠할 것인지를 미리 맛보기 위해서 동거하기로 선택하지만, 진짜 결혼이 이루어지도록 하는 핵심이 이 상황에는 빠져 있다. 바로 결혼을 결혼 되게 하는 헌신이 빠져 있는 것이다. 커플들로 하여금 함께 사는 삶에 닥쳐오는 시련들을 헤쳐 나갈 수 있게 해 주는 것이 바로 헌신의 단계이다.

당신의 결혼 첫날밤에 가장 필요 없는 것이 경험이다. 서로에게 헌신된 부부가 함께 경험해 나갈 때 최고의 섹스가 된다.

부부들이 결혼을 할 때, 그들은 서로에게 이렇게 말한다. "나는 당신을 사랑합니다. 나는 당신 편에 설 것입니다. 나는 당신께 드려졌습니다."

동거하는 커플들은 이렇게 말하고 있는 것이다. "나는 당신을 좋아합니다. 나는 당신을 사랑할 수 있을지 알고 싶습니다." 또는 "나는 당신을 사랑합니다. 사랑이 함께 사는 삶의 압력을 지탱할 수 있는지 한번 봅시다."

동거하는 커플은 항상 생각의 뒤편에 뒷문을 가지고 있으며, 그들 중 절반은 그 뒷문으로 나가 버리고 관계를 완전히 포기해 버린다. 헌신의 결여는 좋은 관계를 형성하는 데 도움이 되지 않는다. 결혼생활에서 부부가 어려운 상황을 극복할 수 있도록 도와주는 수준의 헌신은 여기서는 찾아볼 수 없다.

동거가 좋은 관계를 형성하는 데에 도움이 안 되기 때문에 좋은 섹스에도 도움이 되지 않는다. 커플들은 간혹 서로 성적으로 잘 맞는지를 확인하기 위해 함께 살기로 선택하기도 한다. 현실은 "파헤치기"가 항상 효과가 있다는 것이다. 남자와 여자의 신체는 함께 맞추도록 만들어졌다. 커플은 성적으로 서로 맞게 되어 있다. 슬픈 현실은 일생을 걸고 헌신하기로 결단하기 전에 성적 영역을 시험해 보는 것은 커플들이 첫 번째로 불태울 열정을 분산시켜 버린다는 것이다.

> 남자들은 함께 사는 것을 서로 헌신할 것인가를 알아보는 단계로 보는 데 비해, 여자들은 그것을 헌신으로 향해 가는 과정으로 본다.

「성의 의학적 측면(Medical Aspect of Human Sexuality)」에 실린 한 기사는 다음과 같이 지적한다. "많은 사람들이 강력한 자석과 같은 성적 매력이 영원한 행복을 선사할 것이라고 희망하는 '꿈'과 결혼한다. 후에 그들은 좋은 섹스가 좋은 관계를 의미하는 것이 아니며, 좋지 않은 관계는 좋지 않은 섹스로 귀결된다는 것을 발견한다."[181]

섹스에 관한 한, 원칙이 거의 언제나 들어맞는다. 만족스럽지 못한 섹스는 경험이 너무 적거나 성적으로 맞지 않아서 오는 결과가 아니다. 문제는 관계다. 문제는 인격, 신뢰, 존중, 헌신의 결여이다.

당신의 결혼 첫날밤에 가장 필요 없는 것이 경험이다. 서로에게 헌신된 부부가 함께 경험해 나갈 때 최고의 섹스가 된다. 당신이 과거에 다른 누군가와 했던 것을 당신 부부의 침실에 전이시킬 수는 없다. 그런 식으로 되는 것이 아니다. 결혼 전 성경험을 가진 사람은 누구든지 부부로서 함께 성장시킬 경이로운 영역을 자기 배우자로부터 강탈하는 것이다.

결혼과 그 모든 유익을 위해 시운전을 해 볼 필요가 있다고 말하는 오늘날 문화의 소리를 절대 듣지 말라. 최대한의 섹스와 친밀감을 경험하기 위해서, 당신의 결혼 첫날밤에 섹스에는 아마추어가 되고 관계에는 프로가 되겠다는 목표를 설정하라.

Q&A 26 결혼 전의 성경험이 결혼에서 좋은 섹스를 위한 괜찮은 준비가 아닐까요?

섹스에 관한 한, 연습이 완벽을 만든다는 생각이 지배적이다. 앞 질문에 대한 답에서 배웠듯이, 결혼이 제공하는 확고한 헌신 없이 로맨틱한 관계의 상세한 것들을 "연습하는 것"은 더 좋은 친밀감을 위해서나 더 나은 섹스를 위해서나 도움이 되지 않는다. 사실, 결혼 없는 섹스는 장기적으로 부정적인 결과들을 동반한다는 것이 입증되었다.

"결혼 없는 섹스는 종종 사람들의 건강과 행복을 망친다."는 제목의 글에서 외과의사 존 R. 딕스 2세(John R. Diggs Jr.)는 문란함, 낙태, 불안정한 가정생활, 제 위치에서 벗어난 남자들, 그리고 높은 위험에 무방비상태로 노출되는 여자들과 아이들을 망라하는 혼외섹스의 구체적이고도 엄청난 결과들을 요약해 주었다.[182]

명백하게, 혼외섹스는 아무런 위험이 없는 "연습"이 아니다. 아마도 그것이 연구보고서가 결혼한 사람들이 최고의 섹스를 하고 있다는 것을 입증한 이유일 것이다. 《USA투데이(*USA Today*)》에 실린 "아하! 그것을 교회 여성들의 복수라고 하라"는 제목의 글은 크리스천 여성들(그리고 그들과 함께 자는 남성들)이 지구상에서 성적으로 가장 만족하는 쪽에 속한다고 결론을 내렸다.[183]

연습이 완벽하게 만들지 못한다.

작가 윌리엄 R. 매톡스 2세(William R. Mattox Jr.)는 결혼을 위해 섹스를 유보하면 상당한 보상을 받게 된다는 점을 지적한다. 매톡스는 "여러 편의 연구보고서가 시사하는 바는 성행위를 일찍 시작했거나 여러 명의 섹스 파트너를 상대했던 여성들은 결혼 전에 성적 경험이 전혀 없거나 아주 적은 여성들에 비해 성생활에서 만족을 표하는 비율이 낮다는 것이다."[184]

다른 말로 하면, 성적으로 잘 맞는지를 결혼 전에 미리 시험해 본 남자들과 여자들은 성적으로 만족하기가 더 어렵게 된다는 것이다. 명백하게도 연습이 완벽하게 만들지 못한다. 남녀가 결혼식을 올리기 전에 성적으로 서로 잘 맞는가를 시험해 봐야 한다는 신화에 대해 경적을 울리는 사람은 매톡스만이 아니다.

잡지 「세븐틴」을 위한 한 인터뷰에서 사회학자 낸시 무어 클랫워디(Nancy Moore Clatworthy) 박사는 이런 질문을 받았다. "하지만 결혼 전에 함께 살아 보는 것이 모든 결혼에서 불가피하게 만나게 되는 의견 충돌을 미리 해소하는 데 도움이 되지 않을까요?"

클랫워디 박사의 답변을 주의 깊게 살펴보자.

"우리는 재정이나, 살림살이에 관한 일, 레저, 애정표현, 친구관계 등에 대한 질문을 받습니다. 어떤 영역에서든지 결혼 전에 함께 살았던 부부들이 그렇지 않은 부부들에 비해 의견충돌이 잦은 것이 사실입니다. 하지만 저를 가장 놀라게 하는 것은 바로 섹스에 관한 부분입니다. 결혼 전에 함께 살았던 부부들이 섹스에 대해서도 충돌이 더 잦다는 것이죠."[185]

당신은 이런 것들이 함께 사는 기간에 풀릴 것이라고 추측했을 것이다. 보아하니 그게 아니다. 분명히 일부일처의 결혼과 성적인 만족 사이에 강력한 연관성이 있다. 왜일까? 그것은 성적인 즐거움은 헌신된 관계라는 상황에서 번창하기 때문이다. 섹스를 상호 적합성을 측정하거나 미래의 헌신 가능성을 결정하기 위한 도구로 이용하는 커플들은 섹스를 경이로운 것으로 만들기 위한 친밀감과 헌신과 신뢰의 수준에 미치지 못한다.

성적인 즐거움은 헌신된 관계라는 상황에서 번창한다.

혼외 섹스는 "연습"이 아니다. 그것은 "미래의 성적 적합도를 측정할 수 있는 좋은 기회"가 아니다. 그것은 성에 대한 하나님의 계획 밖에 있는 것이며, 그 결과는 자유가 아니라 방해물이다. 연구보고서는 하나님께서 이미 그의 말씀 안에 설정해 놓으신 것이 무엇인지를 보여 준다. 섹스는 단순히 육체적인 연습의 결과로 향상되는 것이 아니라, 친밀감과 신뢰와 헌신의 수준을 깊게 함으로써 향상되는 것이다. 결혼 전의 섹스는 결혼에서 만족스런 성생활로 이끌지 않는다. 오히려 실망과 단조로움, 감염의 위험, 관계에 있어서 유대감의 약화 등을 초래한다. 결혼까지 섹스를 기다리는 것은 다른 한편으로 나쁜 결과들에 대한 두려움 없는 순수한 성적 자유로 인도해 준다.

    멋진 성생활을 원하는가? 그렇다면 인내를 연습하고 결혼할 때까지 기다리기로 결정하라.

Q27 섹스는 정말 아름다운 것인데, 어떻게 잘못될 수 있나요?

그렇다, 성은 아름다운 것이다. 그것은 사랑의 하나님께서 우리를 위한 선물로 창조하신 것이다.

야고보서 1장 17절은 말씀하신다. "온갖 좋은 은사와 온전한 선물이 다 위로부터 빛들의 아버지께로부터 내려오나니 그는 변함도 없으시고 회전하는 그림자도 없으시니라."

하나님께서 성을 창조하셨다. 하나님의 의도는 한 쌍의 남녀를 서로 평생 동안 묶어 주는 사랑과 친밀감의 아름다운 표현을 창조하신 것이었다. 그러나 모든 섹스가 다 똑같지는 않다.

전도서 3장 11절 말씀은 단언한다. "하나님이 모든 것을 지으시되 때를 따라 아름답게 하셨고…."

하나님께서 언제 아름답게 하신다고 했는가? 적절한 때이다. 결혼 밖의 섹스는 즐거울 수 없다. 혼외 섹스도 두 사람 간의 친밀감을 결혼한 부부처럼 높일 수는 있다. 그러나 혼외 섹스의 즐거움은 지속되기가 매우 어렵다.

히브리서 11장 25절 말씀은 죄악의 낙(즐거움)을 "잠시"라고 말한다. 혼전 섹스의 아름다움은 짧고, 일시적이며, 오래 가지 못한다. 실제로, 하나님의 설계 밖에서 섹스를 즐기는 젊은이들은 우울증이나 거절감, 분노, 불안정, 자살, 각종 성병, 임신 등의 다양한 결과에 직면할 가능성이 크다.

통념을 벗어난 섹스로 인해 감정적으로 좋지 못한 결과를 겪는 것은 대부분 사랑에 대한 그릇된 이해로부터 온다. 커플들은 "섹스는 우리 사랑의 표현이기 때문에 아름다운 것이다."라고 말하지만, 성행위를 할 때 당신의 뇌에서 분비되는 도파민은 결혼을 했는지 안 했는지 모른다. 옥시토신도 결혼여부를 알지 못한다. 바소프레신도 결혼을 했는지 안 했는지 모른다.[186] 당신이 혼외정사를 갖는다면, 사랑과 욕정 사이의 선이 희미해진다. 사랑이라는 느낌에 대한 뇌의 화학적 반응은 잘못 해석하기가 쉽다. 성행위의 옳고 그름을 확인하는 데 있어서 당신의 감정을 의지해서는 안 된다. 또한 사랑의 감정은 당신이 맺고 있는 관계가 성숙한 것인지 유익한 것인지에 대한 증거가 될 수 없다.

섹스는 아름다운 것이지만 그렇다고 해서 항상 옳은 것은 아니다. 분명히 잘못된 시간에 잘못된 섹스에 빠질 가능성이 있다. 그 최종 결

당신이 혼외정사를 갖는다면, 사랑과 욕정 사이의 선이 희미해진다.

과는 섹스가 우리의 유익을 위해 설계된 아름다운 것으로부터 고통스럽고 추악한 것으로 바뀌게 된다.

섹스가 언제나 아름답지만은 않다는 증거는 많이 있다. 혼외정사로 인한 가정의 파괴, 포르노 중독, 성폭력, 아동 성추행, 아동 성매매 등을 예로 들어보자. 이런 쇼킹한 예들은 섹스가 얼마나 추악할 수 있는가를 증명해 준다. 즐거움을 준다는 이유만으로 섹스를 옳은 것이라고 할 수는 없다. 그것이 첫눈에 아름다워 보인다고 해서 추악한 결과가 없을 것이라고 생각할 수는 없다.

> **섹스는 아름답다.
> 그러므로
> 잘 보호해야 할
> 가치가 있다.**

섹스가 제대로 된 것인지 잘못된 것인지는 그 결과를 얼핏 보기만 해도 금방 드러난다. 혼외정사는 당신을 성병에 노출시키며, 사생아 출산의 위험에 처하게 하고, 유대감 형성에 부정적인 영향을 끼치기도 하고, 우울증과 불안감에 빠지게도 할 수 있으며, 자살 충동에 빠질 가능성을 증가시킨다. 결혼이라는 울타리 안에서 상호간 일대일의 혼인관계는 앞에서 언급한 부정적인 결과들과는 상관없이 섹스의 즐거움을 만끽할 수 있는 자유를 제공해 준다.

섹스는 아름답다. 실은, 섹스는 너무 아름답기 때문에 잘 보호해야 할 가치가 있다. 너무 아름답기 때문에 기다릴 만한 가치가 있다.

Q28 저의 호르몬이 너무 강력한 것 아닐까요? 기다리는 것이 비현실적인 건 아닌가요?

몇 해 전에, 미국의 성 치료사 루스 웨스트하이머(Ruth Westheimer) 박사가 신시내티주립대학(University of Cincinnati) 캠퍼스에서 1,200명의 학생들에게 강연을 하고 있었다. 질의응답 시간에 한 남학생이 질문을 했다. "루스 박사님, 제가 기다리지 못 하겠다면요?"

루스 박사는 대답했다. "젊은이, 내가 자네가 기다리길 기대한다는 게 비현실적이지? 자네의 성욕은 너무 강하니까."[187]

루스 박사의 평가는 혼외정사는 피할 수 없다는 것이 아닌가. 맹렬한 호르몬은 억제될 수 없으며, 청년의 성적 충동은 너무 강해서 참을 수 없다고 가르치는 그녀의 말은 우리 문화의 메시지를 반영하고 있다.

루스 박사의 입장에서 한번 생각해 보자.

한 젊은이가 루스 박사 같은 성 치료사에게 와서 이렇게 말한다고 상상해 보자. "박사님, 저는 제 여자친구를 진짜 좋아하고요, 그 아이하고 관계를 갖고 싶은데요, 제 여자친구가 거부를 하네요." 성 치료사는 뭐라고 충고를 하겠는가? 아마도 이런 말을 하지 않을까? "여자친구가 준비될 때까지 기다리는 게 좋겠네요." (다른 말로는, "당신의 성욕은 그렇게 강하진 않네요.")

또 다른 시나리오를 상상해 보자. 한 젊은이가 성 치료사에게 와서 이렇게 말한다. "박사님, 제 호르몬은 정말 격렬하고요, 전 제 여자친구와 관계를 갖고 싶어요. 그리고 제 여자친구도 그걸 원하는데요. 제가 어떻게 하면 좋을까요?"

그 치료사의 충고는 신시내티주립대학에서 루스 박사가 해 주었던 충고의 메아리와 같다. "젊은이, 자네에게 기다리라고 말하는 건 비현실적인 이야기 같군. 자네의 성욕은 너무 강하구먼."

루스 박사의 철학에 의하면 우리는 그저 억제할 수 없는 충동을 따라 행동하는 동물들일 뿐이다. 그런 류의 생각이 사실이라면, 우리는 왜 성폭력을 금지하는 법을 가지고 있는 것인가? 성폭력범에게 기다리기를 기대하는 것은 비현실적인가? 그의 성욕은 너무 강하지 않은가? 결혼한 남자의 경우는 어떤가? 한 남자에게 결혼 전까지 기다리기를 기대하는 것이 비현실적이라면, 결혼 후에도 기다리기를 기대하는 것도 비현실적인 일이 아닌가? 파트너가 섹스를 원할 경우에는 기다리기를 기대할 수 없고, 파트너가 준비되지 않은 경우에는 기대할 수 있다는 이야기인가? 결혼하지 않은 남자에게는 기다리기를 기대할 수 없지만, 결혼한 남자는 아내가 아닌 다른 여자에게 성적 매력을 느껴도 참아낼 수 있다는 것인가? 이 얼마나 모순되는 이야기인가? 기다린다는 게 비현실적인가, 아닌가?

젊은이들이 갖고 있는 기다릴 수 없다는 생각은 중요한 포인트를 무시하고 있기 때문에 논리에 결함을 가지고 있다. 바로 우리는 인간이지 동물이 아니라는 점이다. 인간으로서 우리는 하나님의 형상대로 창조되었다. 하나님께서는 우리에게 올바른 도덕적 선택을 하며 그에 따라 행동할 수 있는 능력을 주셨다.

우리는 인간이지 동물이 아니다. 하나님께서는 우리에게 올바른 도덕적 선택을 하며 그에 따라 행동할 수 있는 능력을 주셨다.

맞다, 호르몬은 강력하다. 기다리는 것이 어려울 수 있지만, 요점은 섹스는 선택이라는 것이다. 당신은 동물이 아니다. 당신은 하나님께로부터 받은 사랑하고, 생각하고, 창조하고, 도덕적 선택을 할 수 있는 능력을 가진 인간이다.

《타임(Time)》지의 한 기사에서 렌스 모로우(Lance Morrow)는 이렇게 썼다. "오늘날 십대 청소년들은 길거리에 떠돌아다니는 개들만큼도 섹스를 자제하려고 하지 않는데, 그것은 어리석고 천벌 받을 일이며, 원시인들조차 뭐라고 할 만한 일이다. 권위를 가진 어른들이 할 수 있는 최선의 일은 짐승들에게 콘돔을 나누어 주고 발정이 났을 때 울타리 안으로 들어가기 전에 멈춰 서서 끼우기를 바라는 것이다."[188]

누가 당신에 대해 이런 식으로 말하는 것을 들으면 기분 나쁘지 않은가? 당신이 욕망과 욕정을 조절할 수 없는 동물이 아니라는 것을 입증한다면 기분이 좋지 않겠는가?

같은 기사에서 모로우는 젊은이들로 하여금 혼전 섹스에 빠지기를 기대하는 것은 전혀 그들을 위하는 일이 아니라는 점을 인정했다. 그는 이렇게 적었다. "콘돔을 내던져 주는 사람의 정신은 인간본성에 대해 형편없이 품격을 떨어뜨린 시각을 가지는 것이다. 젊은이들은 기대에 부응하고자 하는 경향이 있다. 정부의 지원으로 콘돔을 보급하는 일은 사회가 교미하는 개들을 양성하기를 기대한다고 공식적으로 선언하는 것이다."[189]

문화는 당신에게 동물처럼 행동하기를 기대한다고 할 수도 있다. 사회는 어떤 면에서 그런 행동을 격려하기조차 한다. 우리 각자에 대한 깊은 사랑과 긍휼 때문에 하나님의 기대는 매우 다르다.

디도서 2장 11~12절은 "모든 사람에게 구원을 주시는 하나님의 은혜가 나타나 우리를 양육하시되 경건하지 않은 것과 이 세상 정욕을 다 버리고 신중함과 의로움과 경건함으로 이 세상에 살고"라고 말씀하신다.

하나님의 은혜로 인해 당신은 결혼 전에 성관계를 갖고자 하는 욕망에 대해 "안 돼!"라고 말할 수 있다. 다른 사람들은 기다려왔다. 실제로, 질병통제예방센터(CDC)는 2006년에 대학을 졸업하는 학생들 중 47%가 스스로 동정임을 인정했다고 밝힌 통계자료를 발간했다.[190] 당신이 기다린다면, 당신은 지구상에서 유일한 동정이라고 느낄지 모르지만, 실상은 그렇지 않다. 이 세계에는 결혼할 때까지 기다리기로 선택하는 수많은 젊은이들이 있다. 동정이라는 선물을 포기하지 않고 결혼식장까지 지켜나간 사람들은 그것이 그럴 만한 가치가 있다고 당신에게 말할 것이다.

당신의 미래를 짧은 순간의 쾌락을 위해 던져 버리지 말라. 기다리는 것은 비현실적이며 불가능한 일이라고 오늘날의 문화가 말하는 소리를 듣지 말라. 섹스는 선택이다. 평생 하나님의 설계를 고수하고 그 유익을 거둬들이라.

Q&A 29 저는 동정을 잃었어요. 전 이미 늦은 건가요?

나는 한 번 섹스를 하면 그만둘 수 없고 돌이킬 수 없다고 그릇되게 믿고 있는 수많은 젊은이들에게 이야기해 왔다. 이미 동정을 잃어버렸고 돌이킬 수 있는 길이 보이지 않기 때문에, 그들은 너무 늦었다고 결정을 내리고 하나님의 사랑하시는 명백한 계획을 거역하는 이 행동을 지속함으로 상황을 계속해서 악화시킨다.

이것이 당신의 이야기라면, 나는 절대로 늦은 것이 아님을 당신이 알기를 원한다. 당신이 육체적으로 다시 동정을 되찾을 수 없다는 것은 사실이다. 그것은 흘러간 물과 같다. 그러나 당신은 영적으로는 동정이 될 수 있다. 하나님께서는 깨끗하게 씻어 없었던 일로 해 주실 수 있다.

당신이 성적으로 문란하다면, 결혼 전에 성관계를 갖는 것은 굽이마다 함정이 도사리고 있는 길에 발을 들여 놓은 것임을 당신은 이미 알고 있다. 정서적 충격, 손상을 입은 관계, 손상 입은 명망, 손상된 자아상, 원하지 않는 임신, 성병 등이 도처에 도사리고 있다. 그 길은 위험하고, 당신이 거기에 오래 머무를수록 손상을 입지 않고 빠져나올 수 있는 가능성은 줄어든다.

이것은 냉혹한 사실이다. 단지 당신이 이미 성경험을 가졌다는 이유로 이 길에 머무르기로 선택한다면, 그것은 슬픈 일이며 어리석은 도박이다. 돌이켜서 다른 방향으로 가기에 너무 늦은 것은 아니다. 하나님께서는 당신을 위해 그의 사랑과 용서를 경험하고 당신의 과거의 죄와 행동의 양식으로부터 돌이킬 수 있는 길을 마련해 주셨다.

> 하나님께서는 깨끗하게 씻어 없었던 일로 해 주실 수 있다.

그렇게 하기 위해서는 당신이 특별한 행동을 취할 필요가 있다.

1. 당신의 죄를 인정하라.

"난 이제 망했다"거나 "내가 실수를 했다"고 말하지 말라. 변명하지 말라. 당신의 성행위를 사실 그대로 "죄"라고 칭하라. 이 단계는 "회개"라고 한다. 회개란 죄를 합리화하지 않고, 죄를 죄라고 고백하며 다시 범하지 않기로 하나님과 앞에서 작정하는 것이다.

2. 죄를 자백하라.

요한일서 1장 9절은 "만일 우리가 우리 죄를 자백하면 그는 미쁘시고 의로우사 우리 죄를 사하시며 우리를 모든 불의에서 깨끗하게 하실 것이요."라고 말씀하신다. 당신이 결혼한 배우자가 아닌 사람과 함께 행한 어떤 성행위도 죄다. 그 죄를 하나님께 자백하라.

3. 그리스도의 용서를 받아들이라.

성적으로 왕성한 많은 젊은이들에게 있어서 이것이 가장 어려운 단계이다. 요한일서 1장 9절에서 하나님은 우리의 죄를 용서하시며 깨끗이 씻어 없었던 일로 해 주신다고 약속하셨다. 그러나 계속해서 혼외 섹스를 갖는 젊은이들은 스스로 무가치하고, 헌 것이 되어 버렸고, 하나님의 사랑을 받을 가치가 없다고 느끼기 쉬우며, 그래서 계속 죄에 빠지게 된다. 당신이 이런 생각에 빠져 있다면, 사실은 당신이 하나님의 용서에 넘겨졌다는 것을 알아야 한다. 당신이 자신을 용서하고 하나님의 보좌 앞에 나오기를 거부한다면, 하나님은 거짓말이며 그리스도의 희생이 충분하지 않다고 말하는 것이다.

> 하나님께서는 당신을 위해 그의 사랑과 용서를 경험하고 당신의 과거의 죄와 행동의 양식으로부터 돌이킬 수 있는 길을 마련해 주셨다.

당신이 자신을 용서에서 제외된 것으로 여긴다면, 하나님은 전능하신 분이 아니며, 그가 당신이 행한 일을 다루기에는 능력이 못 미치는 분이라고 말하는 것이다. 그게 말이나 되는 소리인가!

하나님의 사랑과 십자가에서 죽으신 그리스도를 통한 그분의 용서는 당신의 과거나 현재나 미래의 그 어떤 일보다도 훨씬 크다. 용서의 근거는 당신의 죄의 수준도 아니며, 당신이 저지른 일에 대한 자신의 느낌도 더더욱 아니다. 죄 사함의 근거는 오직 당신을 위한 그리스도의 희생이다. 이것을 바로 이해하는 것이 필수적이다.

하나님께서는 영원 전부터 우리가 죄를 지을 것을 아셨다. 그래서 하나님은 당신의 아들 예수 그리스도를 인간의 몸으로 이 땅에 보내셔서 십자가에 오르게 하셨다. 예수께서는 우리의 모든 죄를 당신 자신이 담당할 무한한 수용력을 가지셨으며, 그 모든 대가를 치르셨다. 예수께서 십자가 위에서 "다 이루었다!"고 하신 말씀은 당신의 죄를 사하기 위해 필요한 모든 일이 다 이루어졌다는 의미이다.

골로새서 2장 13~14절은 "또 범죄와 육체의 무할례로 죽었던 너희를 하나님이 그와 함께 살리시고 우리의 모든 죄를 사하시고 우리를 거스르고 불리하게 하는 법조문으로 쓴 증서를 지우시고 제하여 버리사 십자가에 못 박으시고"라고 말씀하신다.

당신이 당신의 성적 죄에 대한 그리스도의 용서를 받아들일 때, 당신은 십자가 위에서 당하신 그리스도의 죽음으로 분명하게 나타난 하나님의 은혜가 당신의 죄를 위해 충분한 대가가 된다는 것을 인정하는 것이다.

당신은 오늘을 당신의 남은 생애의 첫날이 되도록 선택할 수 있다. 당신은 성적 죄악의 길에서 발을 떼고 그리스도의 용서를 받아들일 수 있다. 그러나 거기서 멈춰서는 안 된다.

마태복음 3장 8절은 "그러므로 회개에 합당한 열매를 맺고"라고 말씀한다. 당신의 성적 죄에 대한 하나님의 용서를 온전히 받아들이는 것은 또 다시 똑같은 함정에 빠지지 않는 것을 선택하는 것이다. 연구 결과들은 당신이 성적으로 문란한 행동을 했었다면, 다음 관계에서도 다시 똑같은 수준의 성적 행동에 빠질 위험에 처해 있다는 것을 밝혀 준다. 회개에 합당한 열매를 맺는다는 것은 다시 죄로 돌아가지 않기로 선택하는 것을 의미한다. 그것은 당신의 마음속에 치열한 전투를 일으키는 장면들로 다시 돌아가지 않기로 선택하는 것을 의미한다. 그것은 당신의 남자친구 혹은 여자친구와 단둘이 있기를 거부하는 것을 의미할 수도 있는데, 그것은 그렇게 하는 것이 죄를 짓도록 유혹하기 때문이다. 그것은 연애를 포기하고 다시 데이트할 때까지 오랜 시간을 기다려야 한다는 의미일 수도 있다. 섹스가 선택인 것과 마찬가지로 하나님의 기준에 새롭게 헌신하는 것도 선택이며, 때로 결단과 힘든 일이 필요할 수도 있다.

하나님의 기준에 새롭게 헌신하는 것도 선택이며, 때로 결단과 힘든 일이 필요할 때도 있다.

Q30 섹스팅은 나쁜 건가요?

A 섹스팅(sexting, 역자 주: 휴대폰 등을 통해 성적인 메시지나 영상 등을 주고받는 행위)은 십대들 사이에 늘어나고 있는 추세이다. 연구보고서는 미국 내의 십대 청소년의 20% 이상이 자신의 누드 혹은 세미누드 사진을 전송한 적이 있다고 밝혔다.[191] 대부분의 십대 청소년들은 섹스팅을 첨단기술을 이용한 장난거리 정도로밖에 여기지 않는다. 그들의 이야기는 이렇다. "그건 그냥 장난일 뿐이에요. 아무에게도 해를 끼치지도 않아요."

그 말은 사실이 아니다. 많은 젊은이들이 신용카드를 사용하듯이 나중에 다른 성행위를 하기 위한 사전 행동으로 섹스팅을 한다. 지금 하고 나중에 지불하는 식이다. 만약 당신이 누드 영상을 보내거나 받는다면, 반드시 그 대가로 상처를 입게 될 것이다.

섹스팅의 기본적인 결과들 중 하나는 공개적인 모욕이다. 연구결과, 섹스팅 메시지를 받은 남자아이들의 대다수는 그것을 다른 사람들과 공유하는 것으로 나타났다.[192] 당신은 아마 당신의 남자친구에게만 보일 의도로 영상을 보내겠지만, 그것이 그에게만 보일 것이라고 생각할 수는 없다. 일단 그 영상들이 바깥으로 나가면, 영원히 거기에 있게 될 것이고 그 결과는 실로 엄청난 것일 수 있다.

많은 십대 청소년들이 잘못 알고 있는 것은 섹스팅이 전혀 불법이 아니라고 생각하는 것이다. 그렇지 않다. 사실은 전국적으로 많은 젊은 이들이 더 이상 사적으로 간직되지 않은 섹스팅 된 메시지들로 인해 상당액의 벌금을 부과 받고 있다.[193]

2007년에 두 명의 13세 소녀들이 휴대폰으로 찍은 사진들이 그들의 허락도 없이 널리 퍼져 버린 후에 아동음란물 제작과 음란물 배포 혐의로 구속을 당한 일이 있다. 그 소녀들이 자기들이 한 일이 범죄인 줄 몰랐다고 항변했을 때, 그 사건을 담당한 지방검사는 말했다. "자, 너희들이 잘 알고 있듯이, 법을 몰랐다는 게 무죄의 이유가 될 수는 없단다."[194]

섹스팅은 당신 신체의 은밀한 부분을 당신의 배우자가 아닌 다른 사람들에게 드러낸다.

지난 몇 해 동안, 많은 십대 청소년들이 휴대전화로 성적인 영상들을 보내고 받았다는 이유로 성범죄자로 기소되었다. 한 사건에서는, 펜실베이니아 주의 한 고등학교에 다니던 세 여학생이 같은 반의 남학생 네 명에게 자신들의 노골적인 사진들을 보냈다. 일곱 명 모두 음란물에 관한 중죄 혐의를 받았고, "성범죄자"라는 영원한 낙인을 받게 되

었다.[195]

섹스팅은 무해한 장난이 아니라 중한 범죄 행위이다. 법적으로 섹스팅은 아동음란물 제작에 해당한다. 섹스팅으로 인해 기소된 젊은이들은 괜찮을 것이라는 자신들의 확신의 결과로 받은 낙인에서 결코 벗어날 수 없다. 그들이 결혼을 한다고 해도 자녀와 함께 학교에 갈 수 없을 것이며, 축구경기를 보러 갈 수도 없고, 다른 가정들을 식사에 초대할 수도 없을 것이다.

많은 십대 청소년들이 잘못 알고 있는 것은 섹스팅이 전혀 불법이 아니라고 생각하는 것이다. 그렇지 않다.

그들이 성범죄자이기 때문이다. 섹스팅으로 인한 결과가 그들의 남은 생애 동안 늘 따라다닐 것이다.

섹스팅은 단지 불법일 뿐 아니라, 대단히 파괴적이기도 하다. 2009년에 플로리다 주의 한 여학생은 자신이 휴대폰으로 찍은 사진이 자신의 허락 없이 널리 퍼져나간 것을 보고 목을 매 자살했다.[196] 이게 무해한 장난처럼 보이는가. 분명히 사람들은 상처를 입을 수 있다.

이것들이 극단적인 예로 보이겠지만, 실상 그것들은 섹스팅이 거기 가담하는 사람들의 삶에 남길 수 있는 심각한 파괴를 일깨우는 정확한 그림을 보여 주고 있다. 당신이 법망에 걸리지 않는다고 하더라도, 당신이 보낸 당신의 영상은 더 이상 사적으로 남아 있지 않는다. 그 영상들은 영원히 존재할 것이다. 당신의 미래 고용주가 그것들을 볼 수도 있다. 당신의 파트너가 볼 수도 있다. 당신 부모님의 눈에 띌 수도 있다. 당신의 장래 배우자나 자녀들이 그것들을 볼 수도 있을 것이다. 그러면 누군가는 반드시 상처를 입게 된다.

시편 101편 3절은 말씀한다. "나는 비천한(vile and vulgar) 것을 내 눈 앞에 두지 아니할 것이요." 남자나 여자의 나체는 비천한 것은 아니지만, 하나님께서는 우리가 결혼할 때까지는 우리 자신을 그런 식으로 드러내지 말고 기다리라고 하신다. 완전히 드러낼 때와 장소가 따로 있으며, 그것은 휴대폰이나 인터넷과는 아무 상관이 없다. 당신의 애정생활을 위한 하나님의 기준은 침실에서 벌어지는 일에 국한되는 것이 아니다. 섹스팅이 잘못된 이유는 당신 신체의 은밀한 부분이 당신의 배우자가 아닌 사람들에게 드러나기 때문이다.

Q31 내가 어떻게 용서를 받고, 용서받았다고 느낄 수 있나요?

여러분들은 대부분 성적인 죄의 고통스런 결과들을 알고 있다. 당신은 개인적으로 하나님의 시간 밖의 섹스에 동반되는 수치와 외로움을 느꼈을 것이다. 이 책에서 제공하는 내용들은 당신으로 하여금 방향을 전환하여 이 시점에서부터 순결을 추구하도록 설득했을 수도 있다. 당신은 과연 하나님께서 당신을 용서하실 수 있겠는가 궁금해 할 수도 있고, 용서가 가져다주는 평안을 과연 느낄 수 있을까 의문을 품을 수도 있을 것이다. 여기서 주의 깊게 잘 살펴보기를 바란다.

당신이 죄책감을 느끼는 이유는 당신에게 죄가 있기 때문이다. 로마서 3장 23절은 우리에게 모든 사람이 죄를 범했기 때문에 하나님의 영광에 이르지 못한다고 말씀하신다. 우리가 이미 분명하게 밝힌 것은 남편과 아내 사이에서가 아닌 어떠한 성행위도 죄라는 것이다. 당신이 성적으로 문란하게 지냈다면 당신은 죄를 범한 것이고, 죄책감은 불가피한 결과라는 것을 당신은 이미 알고 있을 것이다.

하나님의 말씀은 용서받을 수 있으며, 당신이 죄의 시절을 오래 지나왔다 하더라도 자유 안에서 걸을 수 있다고 말씀하신다. 당신은 스스로 죄를 극복할 수 없을 뿐 아니라, 당신의 마음을 아무런 죄의 흔적 없이 깨끗하게 씻을 수 없다. 그러나 그렇게 하실 수 있는 분이 계신다.

요한일서 2장 1절은 말씀한다. "나의 자녀들아. 내가 이것을 너희에게 씀은 너희로 죄를 범하지 않게 하려 함이라. 만일 누가 죄를 범하여도 아버지 앞에서 우리에게 대언자가 있으니 곧 의로우신 예수 그리스도시라." 예수께서는 우리를 대신하여 하나님의 보좌 앞에서 용서를 위해 우리를 대변하신다. 만일 당신이 아직 예수 그리스도와 인격적인 관계를 갖지 못했다면, 예수와의 인격적인 삶을 변화시키는 만남이 용서의 길을 향한 출발점이 될 것이다.

당신이 죄의 시절을 오래 지나왔다 하더라도 자유 안에서 걸을 수 있다.

로마서 3장 23절에서 모든 사람이 죄를 범했다고 하시는 말씀을 기억하라. 이것은 우리 한 사람 한 사람을 포함한다! 당신이 예수께 구원자가 되어 주시기를 요청한다면, 그분은 당신의 모든 죄를 용서하실 것이다. 그 첫걸음을 어떻게 뗄 수 있을까? 다음과 같이 기도하면 된다.

"주 예수님, 저는 당신이 필요합니다. 저를 용서해 주시고 깨끗하게 해 주십시오. 바로 지금 이 순간 저는 당신을 구원자와 주님으로 믿습니다. 제 인생의 왕좌에 앉으셔서 저를 속사람으로부터 변화시켜 주십시오. 당신을 믿을 수 있게 해 주셔서 감사합니다. 그리스도의 이름으로 기도합니다. 아멘."

당신이 당신의 죄를 인정하고 그 죄로부터 구원을 얻기 위해 예수님이 필요하다고 고백할 때 어떤 일이 일어나는가? 그가 당신을 완전히 용서하신다.

요한일서 1장 9절은 말씀하신다. "만일 우리가 우리 죄를 자백하면 그는 미쁘시고 의로우사 우리 죄를 사하시며 우리를 모든 불의에서 깨끗하게 하실 것이요."

이 구절은 하나님께서 우리의 죄를 기꺼이, 그리고 충분히 용서하실 수 있다고 분명하게 약속하고 있다. 이 구절은 "당신의 성적인 죄를 제외한 모든 죄"라고 말씀하지 않는다. 그렇다! 하나님께서는 그분 앞에 가지고 나올 때 당신의 모든 불의를 용서하신다.

당신은 이렇게 말할지도 모른다. "나는 예수께서 나의 죄를 용서하시기 위한 길을 만드셨다는 것을 이해합니다. 하지만 내가 행한 일들에 대해서 용서받았다는 느낌이 없습니다." 바로 이 시점에 당신이 진리를 선택해야 한다. 하나님의 용서가 당신에게는 해당되지 않는다는 거짓말에 절대 넘어가지 말라. 그렇게 믿는 것은 바로 사탄이 원하는 것이다. 당신이 그리스도 안에 거한다면, 진리는 바로 이것이다. "동이 서에서 먼 것 같이 우리의 죄과를 우리에게서 멀리 옮기셨으며"(시 103:12).

하나님은 단지 당신의 성적인 죄만을 사하시는 것이 아니다. 그는 당신의 잘못들을 당신으로부터 완전히 제거하신다. 시편저자가 하나님께서 우리의 죄과를 "동이 서에서 먼 것 같이" 옮기셨다고 기록했을 때, 그는 무한성에 대한 히브리적 표현을 사용한 것이다. 그것에 대해 생각해 보자. 북극과 남극이 있다. 당신이 북쪽을 향해 계속 가면 북극에서부터는 남쪽을 향하게 된다. 또 남쪽을 향해 계속 가면 남극에서부터는 북쪽을 향하게 된다. 남쪽 끝에서 북쪽 끝까지는 거리를 잴 수 있다. 그러나 동극이나 서극은 없다. 만약에 당신이 동쪽으로 계속 여행

당신의 마음을 아무런 죄의 흔적 없이 깨끗하게 씻을 수 없다. 그러나 그렇게 하실 수 있는 분이 계신다.

을 한다면, 당신은 영원히 동쪽을 향해 갈 수 있다. 마찬가지로 서쪽으로 계속 가면 영원히 서쪽을 향해 갈 수 있다. 동쪽에서 서쪽은 거리를 잴 수가 없다. 이것은 예수께서 당신의 죄를 얼마나 멀리 옮기시는가를 말해 준다. 그것은 그의 용서의 깊이가 어떠한지를 보여 준다.

당신은 하나님께서 당신에 대해 이미 기록하신 말씀을 믿기로 선택함으로 죄 사함의 자유 안에서 걸을 수 있다. 예수께서는 십자가 위에서 죽으심으로 당신의 죄를 위한 대가를 이미 다 치루셨다. 당신이 그분께 용서를 구할 때, 그분은 흔적도 없이 완전히 깨끗하게 씻어주신다.

토의를 위한 질문

1. 당신의 견해로는, 성행위가 결혼을 위해 간직되지 않았을 때 가장 큰 대가를 치르는 것은 누구인가요?

2. 만약 순결에 대한 하나님의 기준이 우리 문화 속에서 예외가 아니라 정상이라면, 이 사회에 전체적으로 어떤 영향을 미쳤을 것이라고 생각합니까?

3. 26번 질문에서 당신은 결혼 첫날밤에 섹스에 있어서는 아마추어가 되고, 관계에 있어서는 전문가가 되라고 권고를 받았습니다. 섹스에 있어서 아마추어가 된다는 것은 단순히 당신이 결혼하기 전까지 성적 경험을 피하는 것을 의미합니다. 관계에 있어서 전문가가 된다는 것은 무엇이 필요합니까?

4. 당신의 견해로는, 로맨틱한 관계에 있어서 만족을 얻기 위해서 가장 중요한 필요 세 가지는 무엇입니까? 이 필요는 동거와 결혼 중 어느

것에 의해 더 잘 채워지겠습니까? 당신의 답변에 대해 설명해 주세요.

5. 왜 일부일처의 결혼생활을 하는 부부들이 최상의 섹스를 경험할까요?

6. 오늘의 문화가 당신을 성적 욕구를 자제할 줄 모르는 동물과 같이 본다는 것을 알았을 때, 당신의 느낌은 어떻습니까?

7. 25번과 26번 질문에 대한 답변에 의거해 볼 때, 결혼 특유의 유익에는 어떤 것들이 있습니까? 이 특전들 중 당신에게 가장 중요한 것은 무엇입니까?

8. 당신이 생리적으로나 감정적으로 기다리기 힘들 때에도 결혼을 위해 섹스를 참고 간직하고자 하는 당신의 헌신을 지켜 나가는 데 도움이 되어 준 특별한 성경구절은 무엇입니까?

9. 한 순간의 욕정에 자신의 동정을 포기해 버린 크리스천 청소년들이 계속해서 성적인 죄의 길에 빠지는 이유는 무엇이라고 생각합니까?

10. 섹스팅 때문에 법적 처벌에 직면한 십대 청소년들의 이야기를 들었을 때, 어떤 생각이 들었습니까? 당신은 이것이 섹스팅을 근절시키는 올바른 접근이라고 생각합니까? 왜 그렇습니까?

5장
하나님의 뜻을
어떻게 분별할까요?

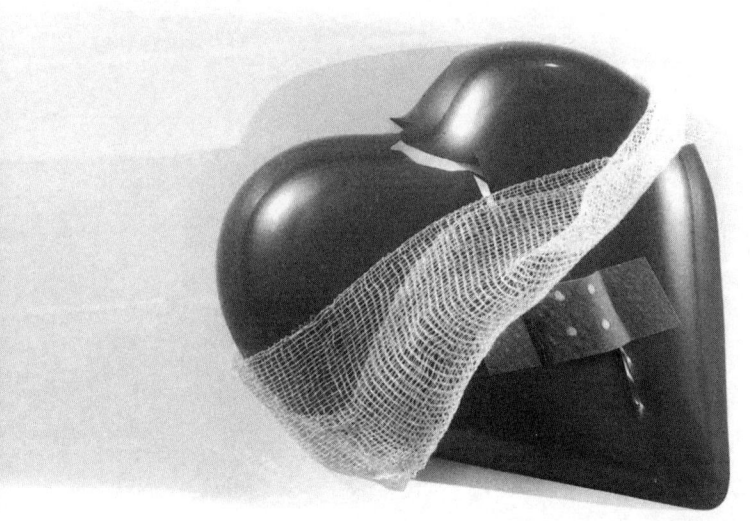

Q32 어떤 사람이 나를 사랑하는지 어떻게 알 수 있나요?

순수한 사랑을 확인하는 두 가지 리트머스 시험지를 추천한다.

첫 번째는, 당신이 부모님과 사랑하고 친밀한 관계를 가지고 있다면, 당신의 관계에 대해서 부모님께 이야기하라. 당신의 부모님, 특별히 아버지는 당신이 갖고자 하는 관계가 건전하고 사랑하는 관계인지 알 수 있을 것이다. 자녀를 사랑하는 부모는 자기 자녀를 위해 어떤 관계가 건전한 관계인지를 간파하는 대단한 통찰력을 갖고 있다.

누구나 다 부모님과 사랑하는 관계를 갖고 있지는 않다는 것을 나는 알고 있다. 그게 사실이 아니기를 바란다. 모든 자녀들이 그들의 부모와 따뜻하고 친밀한 관계를 가지고 성장한다면 얼마나 좋겠는가. 부모님과의 관계는 십대의 성 문제에 있어서 얼마나 큰 차이를 가져오는지 모른다.

만약에 당신이 부모님에게 당신의 관계에 대해서 조언을 요청할 수 없다면, 또 다른 길이 하나 있는데, 그것은 성경말씀을 통해서 당신이 참 사랑을 경험하고 있는지 아닌지를 판별하는 것이다.

　　신약성경 고린도전서 13장에 있는 구절은 그리스도인들이 사랑에 대해 이야기할 때마다 항상 등장하는 말씀이다. 왜냐하면 이 구절이 참 사랑이 어떤 것인가에 대해 본보기가 되기 때문이다. 이 말씀은 우리가 사랑하는 관계에서 무엇을 추구해야 하는지를 분명한 말로 보여 준다. 우리가 단순히 사랑에 맞닥뜨리게 될 때 이야기하는 감정에 의존하는 대신에, 이 구절은 진실한 사랑이 어떤 것인가를 밝혀 주는 지도가 되어 주며, 우리의 행동과 감정을 판단할 수 있는 기준을 제공해 준다.

자녀를 사랑하는 부모는 대단한 통찰력을 갖고 있다.

　　4~7절 말씀을 살펴보자.

　　사랑은 오래 참고
　　사랑은 온유하며
　　시기하지 아니하며
　　사랑은 자랑하지 아니하며
　　교만하지 아니하며
　　무례히 행하지 아니하며
　　자기의 유익을 구하지 아니하며

성내지 아니하며

악한 것을 생각하지 아니하며

불의를 기뻐하지 아니하며

진리와 함께 기뻐하고

모든 것을 참으며

모든 것을 믿으며

모든 것을 바라며

모든 것을 견디느니라.

이 말씀을 적용하는 실제적 방법은 만약 당신이 데이트를 하고 있다면 당신 파트너의 이름을 "사랑"이라는 단어에 바꾸어 넣어 보는 것이다. 예를 들어, 안드레아가 매트와 사귀기 시작한다고 하면, 매트의 이름을 이 구절에 이렇게 집어넣어 본다.

매트는 오래 참고

매트는 온유하며

매트는 시기하지 아니하며

매트는 자랑하지 아니하며

매트는 교만하지 아니하며

매트는 무례히 행치 아니하며…….

다시 돌아가서 당신의 파트너의 이름을 집어넣은 구절을 되새겨 보라. 그 표현들이 얼마나 정확한가? 당신이 만약 혼전 성관계를 가지고 있다면, 이 구절의 내용은 당신의 파트너에게 잘 맞지 않을 것이다. 왜냐하면 하나님께서 설정하신 경계선 밖의 성관계는 오래 참거나 온유한 것이 아니며, 이기적인 동기에서 비롯된 것이다. 만약 당신의 파트너가 이 구절에 말씀하신 내용에 부합된다면, 당신은 순수하게 사랑하고 배려 깊은 관계 가운데 있다고 할 수 있다.

그러나 진실한 사랑의 비결은 결코 올바른 사람을 찾는 데 있지 않고, 자신이 바로 그 올바른 사람이 되는 것이다. 당신의 파트너가 아무리 훌륭하다고 해도, 영속적인 사랑을 이루어 내기 위해 필요한 모든 것에 그 혹은 그녀가 기여하도록 기대할 수는 없다. 당신이 누군가에게 진실한 사랑을 줄 수 있도록 준비된 사람이라고 당신 스스로 확신할 수 있는가? 앞의 구절에 당신 자신의 이름을 넣어 보라. 당신은 사랑하는가? 당신은 온유한가? 아니면 당신은 시기하거나 쉽게 화를 내는가? 당신의 생각과 행동은 다른 사람의 유익을 위해 이루어지고 있는가? 당신 파트너의 행복과 평안을 당신 자신의 것보다 더 우선되게 여길 준비가 되어 있는가? 아니라면, 진실한 사랑이 자라날 수 있도록 당신 자신이 더 성숙해질 시간이 필요하다.

진실한 사랑의 비결은 결코 올바른 사람을 찾는 데 있지 않고, 자신이 바로 그 올바른 사람이 되는 것이다.

4번 질문에서 언급했던 사랑의 정의로 돌아가 보자. 하나님의 말씀은 사랑에 대해 보호와 양육이라는 가장 간단한 대답을 제공한다. 진실한 사랑은 언제나 예외 없이 사랑받는 사람의 최선의 유익을 구한다. 그 동기는 언제나 보호하고 양육하기 위한 것이다. 당신이 사랑받고 있는지 어떻게 알 수 있냐고? 당신의 파트너가 당신의 행복을 위해서, 그리고 당신의 마음을 보호하기 위해서 가능한 모든 것을 제공하는가? 당신은 그 혹은 그녀에게 똑같이 해 주는가? 그렇지 않다면, 하나님께서 당신에게 어떻게 다른 사람들을 잘 사랑할 수 있는지 가르쳐 주실 수 있도록 시간을 드리고, 진실한 사랑을 위한 하나님의 때를 기다리라.

Q33 어떻게 하나님의 뜻을 알 수 있을까요?

연애 관계에 관한 한, 성경은 하나님의 뜻에 대한 분명한 그림을 제공한다.

데살로니가전서 4장 1절에서 바울은 데살로니가의 교인들에게 이렇게 적고 있다. "그러므로 형제들아 우리가 끝으로 주 예수 안에서 너희에게 구하고 권면하노니 너희가 마땅히 어떻게 행하며 하나님을 기쁘시게 할 수 있는지를 우리에게 배웠으니 곧 너희가 행하는 바라. 더욱 많이 힘쓰라." 바울은 어떻게 하나님을 기쁘시게 할 수 있는가에 대해 말하고 있다. 그리고 나서 바울은 그들을 격려한다. "너희는 실제로 그렇게 하고 있다! 너희는 하나님의 뜻을 더욱더 실행하고 있다."

그는 2절과 3절에 이렇게 계속한다. "우리가 주 예수로 말미암아 너희에게 무슨 명령으로 준 것을 너희가 아느니라. 하나님의 뜻은 이것이니 너희의 거룩함이라. 곧 음란을 버리고…." 여기서 바울이 주는 명령이 무엇인가? 음란을 버리라는 것이다. 왜? "이것이 하나님의 뜻이다." 이 구절은 순결함이 하나님의 뜻일지도 모른다든지, 때때로 그것이 하나님의 뜻이라든지, 상황에 따라서 그것이 당신을 향한 하나님의 뜻일 수 있다고 말하지 않는다. 그렇다! 성적인 순결함은 당신의 인생을 향한 하나님의 뜻이다. 그것이 왜 하나님의 뜻인가? 우리의 거룩함과 우리의 정결함, 우리의 유익을 위해서.

    당신은 하나님을 기쁘시게 하기를 원하는가? 성적인 부도덕을 버리라. 당신은 그분의 뜻을 알기 원하는가? 성적 부도덕을 버리라. 우리가 그분의 복을 누리도록 하기 위해서 하나님은 우리에게 당신의 뜻을 말씀하셨다. 그분의 말씀을 통해서 "나는 너를 사랑한다."고 말씀하신 것은 "나는 너를 보호하고 양육하기를 원한다. 그러니 기다리라!"는 의미이다.

성적인 순결함은 당신의 인생을 향한 하나님의 뜻이다.

    당신의 연애 관계 이외에는, 당신의 인생을 향한 하나님의 뜻을 어떻게 알 수 있는가? 우리를 향한 하나님의 뜻은 성령으로 충만하게 되는 것이다. 에베소서 5장 18절은 말씀한다. "술 취하지 말라. 이는 방탕한 것이니 오직 성령으로 충만함을 받으라." 이 구절은 우리에게 만족을 얻기 위해 인위적인 방법에 의존하지 말라고 말씀한다. 그 대신에 우리는 초자연적인 방법으로 우리의 삶에 역사하셔서 우리를 안으로부터 변화시켜 나가시도록 성령님께 맡겨야 한다. 당신을 향한 하나님의 뜻은 성령으로 충만하며 성령의 인도하심을 따라 살아가는 것이다.

요한일서 5장 14~15절은 말씀한다. "그를 향하여 우리가 가진 바 담대함이 이것이니 그의 뜻대로 무엇을 구하면 들으심이라. 우리가 무엇이든지 구하는 바를 들으시는 줄을 안즉 우리가 그에게 구한 그것을 얻은 줄을 또한 아느니라."

얼마나 좋은 약속인가! 우리가 갖기를 하나님께서 원하시는 그것을 우리가 구할 때, 그분은 기꺼이 우리에게 주시겠다니! 하나님께서는 우리가 성령으로 충만하기를 원하신다. 그리고 우리가 더욱 더 하나님과 같이 되도록 가르치기를 원하신다. 우리의 성생활에 능력을 주기 원하신다. 우리가 섹스라는 선물을 배우자와 함께 개봉할 때까지 기다리기를 원하신다. 그분의 뜻을 따라 살 때, 약속을 지키시고 모든 복을 안겨 주시는 하나님을 믿고 기대할 수 있다. 하나님도 당신을 믿고 기대할 수 있을까?

34 어떻게 "안 돼!"라고 말할까요?

당신은 혼외 섹스에 대한 유혹의 압력을 견뎌낼 수 있다. 당신은 동료들과 매스컴의 압력에 저항하고 자제하겠다는 당신의 약속을 지켜낼 수 있다. 순결은 가능하다. 하지만 그것은 우연히 이루어지지는 않는다. 당신은 항상 올바른 길에만 발을 딛겠다는 원칙을 제대로 세울 필요가 있다. 여기 효과가 입증된 열한 가지 원칙이 있다.

1. 책임의 구조를 갖추라.

섹스에 대해 당신과 같은 신념을 가진 친구들을 선택하고 그들과 많은 시간을 함께 보내라. 순결을 추구하는 것은 전쟁일 수도 있다. 혼자 싸우려고 하지 말라. 같은 목표를 가진 친구들은 최고의 방어막이 된다.

전도서 4장 9~10절은 우리에게 말씀한다. "두 사람이 한 사람보다 나음은 그들이 수고함으로 좋은 상을 얻을 것임이라. 혹시 그들이 넘어지면 하나가 그 동무를 붙들어 일으키려니와 홀로 있어 넘어지고 붙들어 일으킬 자가 없는 자에게는 화가 있으리라."

지지해 주는 친구들을 찾는 일을 절대 멈추지 말라. 친구들과 청년(학생) 담당 목사님, 선생님, 그리고 힘든 질문들도 기꺼이 해 줄 수 있는 지혜로운 어른들을 포함하는 지원체계를 구축하라. 울타리를 치도록 당신을 도울 수 있고, 순결의 길을 당신과 함께 가고자 하는 사람들을 좇아가라.

2. 필요해지기 전에 경계선을 분명하게 설정하라.

당신의 몸은 성적으로 느끼는 것을 바로 멈출 수 있게 설계되어 있지 않다. 우리 몸은 헌신된 혼인 관계의 상황에서 섹스를 향해 움직이도록 설계되어 있다. 만약 당신이 육체적으로 자극을 받거나 당신의 생각이 성적인 상상에 빠지는 상황에 처한다면, 고삐를 당기기가 매우 어렵게 된다. 그런 상황이 오기 전에 먼저, 육체적으로 어떤 행동을 할 것인지, 그리고 어떤 상황까지 자신을 허용할 것인지 분명한 경계선을 설정하라.

**순결은 가능하다.
하지만 그것은
우연히 이루어지지는 않는다.**

예를 들어, 음란물을 보고 싶은 유혹을 피하기 위해서는 공개적인 공간에서 다른 사람들이 주위에 있을 때에만 컴퓨터를 사용하겠다는 경계선을 설정해야 할 것이다. 당신의 이성 친구와 지나치게 육체적인 자극을 받는 것을 피하기 위해서는 주차된 차안이나, 아무도 없는 빈 집, 그 외에 당신의 기준을 타협할 유혹을 받을 만한 어떤 곳에도 절대 단둘이 있지 않겠다는 경계선을 설정해야 할 것이다.

3. 그것을 적어 놓으라.

그릇된 섹스를 피하기 위한 당신의 약속을 적어 놓으라. 실제적으로 시간을 내서 그것을 적음으로 당신의 생각이 마음을 지킬 수 있게 하라. 당신이 연애 관계에 빠진다면, 당신의 파트너와 함께 경계선들을 적어 내려갈 시간을 가지라. 그것을 기록하는 것과 기록된 당신의 약속을 소리 내어 읽는 것은 실제적인 능력이 있다.

4. 하나님께 도움을 구하라.

당신은 하나님을 기쁘시게 하고자 하는 열망으로 순결의 길을 선택했겠지만, 그것에 대해 실제로 하나님께 말씀드렸는가? 당신은 기도로 하나님 앞에 나아가 순결을 지킬 수 있게 해 달라고 구체적으로 요청했는가? 나는 이렇게 기도할 것을 제안한다. "예수님, 나는 당신의 도움이 필요합니다. 저 혼자서는 할 수 없습니다. 당신의 능력으로 채워 주시고 성적으로 순결할 수 있도록 도와주시기를 구합니다."

바울은 이렇게 말했다. "내가 약한 그 때에 강함이라"(고후 12:10). 하나님께서는 인내하기 위해서 당신이 필요로 하는 힘을 공급해 주실 수 있다. 그분께 구하라!

5, 로맨스를 뒤로 미뤄라.

연구결과는 이른 데이트와 이른 섹스 사이에 깊은 연관이 있음을 보여 준다. 데이트는 두 사람을 육체적으로 감정적으로 묶는다. 친밀감은 신체적인 접촉을 유발하는데, 이것은 강력한 결합 호르몬을 분비시키고 양쪽 모두에게 강력한 성적 엔진의 회전속도를 끌어올린다. 연구결과는 데이트를 시작하는 시기가 이를수록 성적으로 문란해지기가 더 쉽다는 것을 입증하고 있다.

예를 들면, 12세에 데이트를 시작한 청소년들 가운데 91%가 고등학교를 졸업하기 전에 성관계를 갖는다는 것이다. 15세에 데이트를 시작하는 청소년들 중 40%가 고등학교 시절에 순결을 잃는다. 16세까지 데이트 시작을 기다리는 사람들은 20%가 졸업하기 전에 성관계를 갖는다.[198]

연애를 기다리는 것은 섹스를 기다리는 것에 도움이 된다.

6. 당신과 같은 가치관을 갖지 않는 사람과 함께하지 말라.

"너희는 믿지 않는 자와 멍에를 함께 메지 말라. 의와 불법이 어찌 함께 하며 빛과 어둠이 어찌 사귀며…"(고후 6:14). 이 말씀은 믿음과 순결을 향한 당신의 헌신을 공유하지 않는 사람과 당신의 삶이 얽히는 것에 대해 경고하고 있다. 당신의 파트너가 헌신된 그리스도인이 아니고 섹스에 관한 하나님의 기준에 따르기로 헌신되지 않았다면, 순결은 오르막길이 될 것이다. 성적 순결을 위한 당신의 헌신의 일부로서 같은 기준을 가진 사람과만 데이트를 하겠다고 약속하라.

7. 당신의 가치관을 알리라.

당신이 만나려고 생각하는 사람이 당신과 가치관을 공유하는지를 어떻게 알 수 있겠는가? 물어보라! 당신의 가치관에 대해 솔직하되, 특별히 섹스와 관계에 관한 가치관에 대해 솔직하라. 당신의 가치관을 미리 알리지 못한다면, 일단 관계가 진전된 후에는 훨씬 더 어려워질 것이다.

8. 미리 계획을 세우라.

데이트하기에 앞서 계획을 세우라. 어디로 갈 것인지, 무엇을 할 것인지, 그 외에 누가 함께할 것인지 등을 명확히 하라. 계획을 잘 세운다면 문제에 빠질 일은 거의 없을 것이다. 분명한 데이트 계획을 세우지 못하고 빈둥거리는 시간을 보낸다면, 타협의 기회는 더 큰 위협이 될 것이다.

9. 부모님께 데이트를 알려 드리라.

32번 질문에 대한 답변에서 관계의 건전성에 대한 리트머스 시험지의 하나가 부모님의 승인이라고 했던 것을 기억하라. 부모님과 데이트에 대해 이야기를 나누라. 교제 초기에 부모님과 함께 만나는 것도 생각해 볼 만하다. 부모님만큼 당신을 잘 아는 사람은 거의 없다. 당신의 연애에 부모님을 동참시키는 것은 확실한 책임을 제공해 주며, 당신이 만나고 있는 상대가 건전한 관계에 적합한지를 판단하는 데 도움이 될 것이다. 나의 아내 도티와 나는 우리 아이들의 데이트에 동행하곤 했다. 오늘까지 우리는 그 당시의 추억들을 소중히 간직하고 있다. 그리고 우리 아이들도 그렇다!

10. 술과 마약을 피하라.

최근의 한 연구는 23%의 고등학생들이 그들의 최근 성적 경험에 마약이나 술을 사용했다는 사실을 알려 준다. 보다 더 우려스러운 일은 십대 청소년의 사분의 일이 마약이나 술을 사용하면서 성행위에 가담했었다고 밝혔다. 그들이 술을 멀리했다면 취할 일도 없었을 것이다.[199] 많은 십대 청소년들이 첫 번째 성적 경험을 했을 때 술에 취한 상태였다고 밝힌다.[200]

약물남용이 성행위에 대한 건전한 판단을 포함한 논리적 판단을 내릴 능력을 손상시킨다는 것은 널리 받아들여지고 있는 사실이다. 만약 당신이 결혼할 때까지 섹스를 절제하고 성적 실험에 따르는 위험들을 피하고자 한다면, 마약과 술을 깨끗이 제거하라.

11. 당신의 눈을 지키라.

하나님의 말씀은 우리의 됨됨이는 우리의 생각에 의해 결정된다고 말씀하신다. "대저 그 마음의 생각이 어떠하면 그 위인도 그러한즉"(잠 23:7).

요컨대, 당신이 무엇을 생각하는가가 당신이 무엇을 하는가와 당신이 어떤 사람이 되는가를 결정한다는 것이다. 오늘날 매스컴에서 섹스를 묘사하는 방식은 거짓으로 속이는 것임을 염두에 두라. TV, 영화, 그리고 온라인상의 비현실적이고 저속한 섹스의 묘사들을 포함하는 모조품 흥분제들에 당신 자신을 노출시키면 당신에게 성적으로 영향을 미치게 된다. 나는 "절대로 영화를 보지 말고, TV 시청도 하지 말고, 인터넷에 접속도 하지 말라."고 말하는 것이 아니다. 성경은 미디어 자체가 죄악된 것이라고 가르치지 않는다. 나는 분별을 이야기하고 있는 것이다. 당신이 순결을 추구하는 것을 방해하는 그 어떤 것으로부터도 당신의 생각을 지키라.

순결을 추구하는 것은 전쟁일 수도 있다. 혼자 싸우려고 하지 말라.

"끝으로 형제들아 무엇에든지 참되며 무엇에든지 경건하며 무엇에든지 옳으며 무엇에든지 정결하며 무엇에든지 사랑 받을 만하며 무엇에든지 칭찬 받을 만하며 무슨 덕이 있든지 무슨 기림이 있든지 이것들을 생각하라"(빌 4:8). 여기가 바로 우리의 가치관을 변질시키지 않는 것들에 우리의 생각을 두기 위하여 (우리 의지의 행동으로서) 우리가 선택할 필요가 있는 곳이다. 오직 우리가 그 선택을 할 수 있다.

35 얼마나 멀리 가야 지나친 것인가요?

만약에 성경에 분명하게 "네가 육체적으로 이 정도까지만 진행하면 순결을 유지할 수 있다"고 말씀하고 있다면, 순결을 지키기가 훨씬 더 쉬웠을 것이라고 생각해 본 적이 있는가? 하나님께서 한계를 명확하게 지어 주셨다면 당신이 행동하기가 좀 더 쉬웠을 것으로 보이는가?

융통성 없는 엄격한 규칙은 육체적 활동에 관한 한 괜찮은 것처럼 보일 수 있지만, 나는 그것이 우리가 받는 유혹의 문제를 해결해 준다고 믿지 않는다. 만약에 하나님께서 받아들일 만한 신체적 접촉과 받아들일 수 없는 것 사이에 분명한 선을 그어 놓으셨다면, 모든 사람이 그 선에 근접해서 행동하면서 그 선을 "아주 조금씩" 밀어내려 할 것이다. 죄를 짓고서는 권위를 밀쳐 내려고 하는 것이 우리 인간의 본성이다. 만약 성경이 우리에게 많은 규칙들을 내놓는다면, 많은 사람들이 그 규칙들 주변에서 길을 찾을 것이다. 지혜롭게도 하나님께서는 결혼 전의 신체적 행동을 위한 일련의 규칙들을 그의 말씀 가운데 열거해 놓지 않으셨다. 하나님께서 그보다 더 나은 길을 택하신 것은 우리가 우리의 관계에서 적용할 수 있는 원리들을 그의 말씀 안에 제공하신 것이다.

이 원리들을 순결을 향해 가는 길에 있는 검문소로 생각해 보자. 만일 당신이 연애 관계에 있어서 당신의 가치관과 육체적 행동의 수위에 이 원리를 지켜 적용하고자 한다면, 튼튼한 울타리를 제 자리에 설치한 것이다. 반면에, 만약 당신의 육체적 행위의 수위가 이 원리 중 어느 하나에라도 저촉된다면, 물러서서 당신의 울타리를 다시 점검하라.

당신이 행동하는 방식으로 파트너에게 열정의 불을 붙이지 말라.

"무엇에든지(whatever)"의 원리

빌립보서 4장 8절의 말씀이다. "끝으로 형제들아 무엇에든지 참되며 무엇에든지 경건하며 무엇에든지 옳으며 무엇에든지 정결하며 무엇에든지 사랑 받을 만하며 무엇에든지 칭찬 받을 만하며 무슨 덕이 있든지 무슨 기림이 있든지 이것들을 생각하라."

당신이 물어야 할 질문은 "문제를 일으키지 않고 어디까지 갈 수 있나요?"가 아니고, "정결하고 칭찬 받을 만한 일들을 생각하기 위해서는 어떤 행동을 해야 하나요?"가 되어야 한다.

파트너와 손을 마주잡고 정결하고 칭찬 받을 만한 일들을 생각할 수 있을까? 아마도 그럴 수 있을 것이다. 서로 포옹하고서 정결한 생각을 할 수 있을까? 글쎄, 키스는 어떤가? 애무는? 성적인 접촉은? 오럴섹스는? 분명히 어느 시점에서 당신의 행동이 정결하고 진실하고 칭찬받을 만한 생각에서 벗어나 성적 접촉에 대한 욕구가 증가하는 쪽으로 전환되기 시작한다.

당신의 생각이 순결하지 못한 쪽으로 전환되는 선을 넘어가도록 내버려 두지 말라. 아직 하나님의 생각에 맞게 당신의 생각을 지킬 수 있는 선을 넘기 전에 결정을 내리라. 이것이 당신의 부모님이나 지도목사님, 혹은 신뢰할 만한 어른들과 함께 이야기할 수 있는 훌륭한 기준이다.

"틈도 주지 않기(no hinting)" 원리

에베소서 5장 3절은 말씀한다. "음행과 온갖 더러운 것과 탐욕은 너희 중에서 그 이름조차도 부르지 말라. 이는 성도에게 마땅한 바니라." 하나님의 말씀은 우리에게 성적인 죄의 경계선에 최대한 가까이 가라고 권하지 않는다. 그와는 정반대로 이 구절은 성적인 죄에 작은 틈이라도 보이지 말라고 말씀하신다.

당신은 여자친구의 소파에서 열정적인 키스로 시간을 보낼 때 성적인 죄의 틈을 보이지 않는가? 당신은 보다 더 진한 신체적 접촉을 애타게 원하는 상태로 시간을 끌면서 서로 끌어안고 있을 때, 성적인 죄의 틈을 보이지 않는가? 당신이 서로의 은밀한 부분을 옷 위로라도 문지를 때 성적인 죄의 틈을 보이지 않는가? 당신이 그런 성적인 틈을 보인다면, 당신은 너무 멀리 나가는 것이다.

"붙이지 않은 불(unlit fire)"의 원리

만약 당신의 목표가 순결이라면, 다른 사람으로 하여금 끝까지 가고 싶도록 만들지 말라. 언제든지 당신의 행동이 파트너를 더욱 육체적으로 빠지게 만들 수 있다는 것을 명심하라. 거기에는 당신이 데이트할 때 무엇을 보느냐(영화, 비디오, TV 등), 함께 있을 때 무엇을 하는가, 서로에 대한 관계를 어떻게 맺는가,

> 당신이 성적인 틈을 보인다면, 당신은 너무 멀리 나가는 것이다.

서로를 어떻게 접촉하는가 등 당신이 하는 모든 행동들이 포함된다.

당신이 행동하는 방식으로 파트너에게 열정의 불을 붙이지 말라. 어떤 사람들에게는 굿나이트 키스가 완전히 순수한 것일 수 있다. 그러나 다른 사람들에게는 그것이 열정의 불을 붙일 수도 있고, 더 멀리멀리 나가고자 하는 욕망을 불러 일으킬 수도 있다.

이 세 가지 원리는 모두 한 가지 공통된 주제를 가지고 있다. "내가 어디까지 나갈 수 있는 거지?"라고 생각하는 대신에, 성경은 우리에게 이 질문을 하라고 말씀하신다. "미래의 배우자를 위해 내가 얼마나

많이 남겨 놓을 수 있을까? 그리고 하나님의 최선을 경험하기 위해 얼마나 많이 보존할 수 있을까?"

Q36 타협하도록 압력을 주는 사람들에게 뭐라고 말해야 할까요?

당신에게 기다리지 말라고 말하는 사람들에게 재빨리 응수할 인기 답변들을 여기 나열했다. 누군가가 당신에게 하나님의 계획 밖에서 즐기는 섹스가 위험을 감수할 만한 가치가 있다고 거짓말을 하려고 할 때 언제든지 이 답변들을 사용하라.

"봐라, 다들 하고 있잖아!"
"그러면 다른 사람을 찾아봐. 그게 그렇게 어렵진 않겠네."

"네가 날 사랑한다면, 넌 할 거야!"
"네가 정말 날 사랑한다면, 넌 내게 요구하지 않을 거야. 혼외 섹스는 나를 보호해 주지도 않고 내 장래를 보장해 주지도 않기 때문이지."

"자, 네가 나를 진정한 남자로 만들어 줘!"

"세상에, 섹스하고 남자가 된다는 것하고 무슨 상관이 있니? 섹스는 우리 집 개도 다 한다. 섹스를 한다고 더 개다운 개가 되는 건 아니잖아. 남자야 더 그렇고."

"결혼 증명서 같은 게 무슨 의미가 있니? 그저 종이쪽지 한 장일 뿐인 걸."

"네가 결혼도 하기 전에 결혼 증명서를 그렇게 하찮게 여긴다면, 결혼 후에도 다름이 없을 거야."

"자, 이봐, 결혼반지 같은 건 필요 없어. 그저 쇳조각에 불과한 거야."

"그건 그냥 쇳조각이 아니야. 그건 한 사람의 일생을 건 신뢰와 충성의 상징이라고. 반지는 쇳조각 이상의 의미를 가진 거야. 네가 결혼 전에 결혼반지를 그저 쇳조각쯤으로 여긴다면, 결혼 후에도 그건 쇳조각에 지나지 않을 거야."

"우리가 서로 잘 맞는지 알아봐야 하지 않겠어?"

"이건 무슨 배관공사 같은 게 아니야. 육체적 호환성이 중요한 게 아니라고. 그건 상대적인 거야."

"경험 없는 여자와 결혼하려는 사람은 아무도 없어!"
"글쎄, 난 그 예외가 되고 싶은 걸."

"넌 네가 뭘 놓치고 있는지 모르고 있어!"
"글쎄, 내가 생각하기엔 그게 우리 두 사람을 만들어 줄 것 같아."

"난 참을 수가 없어!"
"네가 지금 참을 수 없다면, 넌 나중에도 참지 못할 것이고, 난 너 같은 사람하곤 절대 결혼하지 않을 거야."

"그렇게 되어 버렸어."
"섹스는 저절로 되는 게 아니야. 그건 선택하는 거지."

"섹스를 해야 어른이 되는 거야."
"아니야, 어른이 된다는 것은 무엇이 옳고 그른지 판단하고 그걸 지키는 거야. 인격이 돼야 어른인 거지."

"네가 하지 않겠다면, 날 사랑하지 않는다는 거야."
"글쎄, 그 말은 네가 날 사랑하지 않는다는 것 같은데. 사실은 네가 날 소중하게 여기지 않는다는 거지."

"하지만 섹스는 아름다운 거야."

"물론 섹스는 아름다워. 결혼 전에 아름답지 못한 섹스라면, 결혼 후에도 아름답지 못하겠지. 사실, 섹스는 너무 아름다워서 보호할 가치가 있는 거야."

토의를 위한 질문

1. 당신이 하나님의 용서를 경험했던 때를 설명해 보세요. 되돌아보면 하나님의 용서가 당신에게 어떤 느낌을 주었습니까?

2. 하나님의 용서라는 선물을 받아들이기 위해 몸부림치고 있는 친구에게 어떤 조언을 해 주고 싶습니까?

3. 우리의 성적인 죄에 이르기까지, 완전한 용서에 대한 하나님의 약속을 받아들이는 것이 왜 그렇게 힘들다고 생각합니까?

4. 고린도전서 13장 4~7절을 읽으십시오. 다시 돌아가서 "사랑"이란 단어가 나올 때마다 그 단어 대신 당신의 이름을 넣어 다시 읽으십시오. 그것이 얼마나 당신을 잘 설명해 줍니까? 이 구절에 비추어 볼 때 당신은 다른 사람들을 제대로 사랑하고 있습니까?

5. 당신이 진실한 사랑을 경험했던 관계를 설명해 주십시오. (로맨틱한

관계가 아니라도 좋습니다.) 당신이 사랑받았다는 것을 어떻게 알 수 있습니까?

6. 당신을 위한 하나님의 뜻이 확실하게 느껴지지 않았을 때는 언제입니까? 34번 질문에서 읽은 것에 근거하여, 어떤 특별한 과정이 당신으로 하여금 그 부분에서 하나님의 뜻을 발견하도록 도울 수 있습니까?

7. 당신의 책임감 체계를 설명해 보십시오. 다른 말로, 순결을 향한 당신의 헌신을 지키도록 의도적으로 돕고 있는 것은 누구입니까?

8. 이 책을 읽고 나서, 순결을 유지하는 데 도움이 될 어떤 경계선들을 설정했습니까?

9. 젊은이들이 성적으로 순결을 유지하는 데 있어서 연애를 늦추는 것이 강력한 수단이라는 것이 입증되었습니다. 이것을 염두에 두고, 당신은 데이트를 시작하는 최적의 나이는 몇 살이라고 생각합니까?

10. 당신이 성적으로 순결을 유지하는 것을 돕기 위해 부모님은 어떤 역할을 하셨습니까?

6장
죄책감에서 벗어나려면 어떻게 해야 할까요?

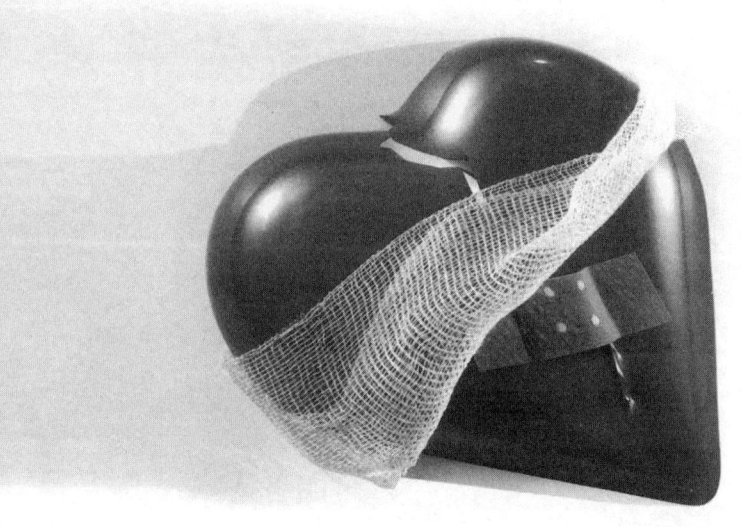

Q37 포르노그래피가 어떻게 실제로 내게 영향을 미치나요?

포르노그래피(pornography)가 무엇을 하는지를 이해하기 전에, 먼저 포르노그래피가 무엇인지를 이해할 필요가 있다. 사전에서는 포르노그래피에 대해 다음과 같이 정리한다. "성적 흥분을 유발하기 위한 의도로 성행위를 (그림이나 글로) 묘사한 것."[201] 포르노그래피가 언급되면 많은 사람들이 음란 사이트나 누드잡지 등을 떠올릴 것이다. 물론 그것들도 포르노그래피임에는 틀림없지만, 사전의 정의에 따르면 우리가 텔레비전 쇼프로그램이나 진한 정사신이 포함된 영화, 성적 자극을 일으키도록 고안된 잡지나 광고지 등을 보거나, 혹은 성적 묘사가 유혹적으로 쓰인 책을 읽을 때도 포르노그래피에 노출된다고 할 수 있다.

포르노그래피에 노출되는 것은 우리 문화에서는 아주 일상적인 일이다. 실제로 포르노그래피는 연매출이 133억 달러나 되는 거대산업이다.[202] 연구결과는 4천만 명의 성인들이 정기적으로 포르노사이트를 방문한다고 지적한다. 이것은 정기적으로 야구경기를 관람하는 사람의 수의 열 배가 되는 수치이다.[203] 월드와이드웹(www)에는 최소한 4만 개의 포르노사이트가 있다.[204] 전체 웹사이트 방문의 60% 이상이 사실상 성적인 것이며[205], 인터넷에서 가장 인기 있는 검색어는 "섹스(sex)"다.[206] 이정도로 포르노그래피에 대한 노출은 광범위하다.

포르노그래피 사용자의 면면은 여성들과 청소년에까지 변화하고 있다. 실제로, 18세에서 24세까지의 젊은이들 중 70%가 대개 한 달에 한 번 이상 포르노사이트를 방문한다. 처음으로 음란물에 노출되는 평균 나이가 11세이다.[207] 게다가 십대 청소년들의 TV 시청시간은 하루 평균 세 시간이며, 대부분 성적인 내용들이 비중 있게 방영되는 황금시간대이다.[208] 포르노 중독자의 35%는 여성들이 차지하고 있다.[209]

포르노는 섹스를 단순히 육체적인 행위로 축소시킨다.

포르노가 미국인들이 가장 좋아하는 취미활동 이상으로 일상적이 되어 버린 문화 속에 살고 있기 때문에, 당신은 포르노를 대수롭지 않게 여기기 쉽다. 이렇게 말할 수도 있다. "그건 아무에게도 상처를 입히지 않아." 혹은 "그저 재미삼아 하는 건데 뭐." 또는 "나중에 끊어 버리지." 실제로 많은 젊은이들이 결혼 전에는 포르노를 이용하다가 결혼 후에 진짜 섹스를 갖게 될 때는 끊어 버릴 수 있다고 합리화한다. 그러나 현실은 그렇게 되지 않는다는 점이다.

7번 질문에서 성적 경험이 당신의 뇌에 영향을 준다는 사실을 언급했던 것을 기억하는가? 포르노그래피는 성적으로 자극을 주도록 고안된 것이다. 당신이 영화에서 노골적인 장면을 보거나 인터넷에서 성적인 영상을 볼 때, 당신의 뇌는 실제의 상대와 성적인 접촉을 할 때와 똑같은 신경화학적 반응을 보이게 된다. 당신의 몸은 기분 좋게 느끼게 하는 화학물질인 도파민을 상당량 분비시키고, 옥시토신이나 바소프레신으로 차오르게 되는데, 이것은 비록 가상의 상대라 하더라도 그 상대와 깊은 인간적 유대감을 갖게 한다.

하나님께서는 당신이 배우자에게 성적으로 자극받도록 의도하셨다. 당신이 포르노그래피를 사용하여 성적 자극을 받을 때, 당신은 그 영상과 유대감을 갖게 된다. 당신이 실제로 여러 상대와 섹스를 하지 않는다 하더라도, 당신의 뇌는 그렇게 생각한다. 더군다나 포르노그래피는 극도로 자극적이기 때문에, 기억에 작용하는 화학물질인 노르에피네프린의 분비를 초래하여 이 영상들을 당신의 뇌 속에 차곡차곡 쌓아 놓게 된다. 그 결과, 당신은 포르노에서 접촉한 이미지들을 당신 부부의 침실에 끌어들이는 것을 피할 수 없게 된다. 당신의 뇌가 포르노그래피에 반응하는 방식 때문에, 포르노그래피를 접촉하는 것은 당신의 배우자와 결합하는 당신의 능력에 손상을 끼칠 수 있다.

포르노그래피를 보는 것이 도파민을 상당량 분비시키기 때문에, 그것이 진행성이며 중독성이 있다는 것이 드러났다. 당신이 결혼을 하면 배우자와 진정으로 깊은 유대감을 가지고자 할 것이다. 그러나 포르노그래피에 대한 노출로 인해서 당신이 갈망하는 신경화학적 반응을 얻기 위해 더욱더 자극적인 이미지들을 필요로 하게 될 것이다.

포르노에 대한 노출은 그 이용자의 성에 대한 시각을 왜곡시킨다는 것이 입증되었다. 한 연구는 포르노그래피에 노출된 사람들은 다음과 같이 믿게 된다는 것을 밝혔다.

* 최고의 성적 쾌락은 오래 지속되는 헌신 없이도 온다.
* 커플들은 서로에게 충실할 것을 기대하지 않는다.
* 성적 충동을 억제하는 것은 건강에 해롭다.
* 아이들은 짐이고 장애물이다.[210]

또 다른 연구는 포르노그래피에 노출되는 것이 공격적인 성적 흥분을 자극한다는 것을 밝혀냈다.[211] 연구자들은 TV에서 성적인 콘텐츠(때때로 소프트코어 포르노soft-core porn라고 불림)에 많이 노출된 십대 청소년들은 적게 노출된 청소년들에 비해 그 이듬해에 섹스를 경험하는 비율이 두 배 높아진다고 지적한다. 또한 같은 연구에서 밝히는 바는 12~17세의 청소년들 가운데 성적 영상물에 자주 노출된 경우에는 키스(kiss), 애무(petting), 오럴섹스 등 다른 성행위에 빠지는 비율도 높아진다는 것이다. 연구자들이 내리는 결론은 포르노그래피는 비록 그것이 소프트한 것일지라도 실제 이상으로 섹스가 우리 일상생활에

서 중심적인 것이라는 인상을 심어 주며, 젊은이들로 하여금 성적 경험을 추구하게 한다는 것이다.[212]

요점은 포르노그래피에 대한 노출은 성에 대한 당신의 인식과 태도와 가치관에 있어서 당신에게 영향을 끼치며, 포르노그래피의 사용은 성적 공격성과 실험에 대한 욕구를 증가시킨다는 것이다.

포르노그래피에 묘사된 섹스는 사실이 아니며, 하나님의 설계에도 맞지 않는다. 특히 포르노는 성적 문란과 배우자에 대한 부정, 성적 이상 행동, 그리고 "중요하지 않은" 섹스를 조장한다. 음란물을 이용하는 사람들은 잡지나 화면에서 본 방식대로 이성을 대하려는 성향을 가지게 되는데, 음란물이 제공하는 각본은 실제와는 완전히 다른 것이다.

> 포르노에 대한 노출은 그 이용자의 성에 대한 시각을 왜곡시킨다.

아마도 포르노의 가장 파괴적인 영향은 섹스를 단순히 육체적인 행위로 축소시키는 것이 아닐까 한다. 포르노는 섹스에 있어서 정서적이고 정신적인 요소를 제거시킨다. 하나님께서는 지속되는 친밀감을 형성하기 위해 섹스를 고안하셨다는 것을 기억하길 바란다. 당신은 잡지에 인쇄된 사진과 친밀해질 수 없다. 당신은 컴퓨터 스크린상의 사람과 친밀해질 수 없다.

한 설문조사에서, 십대 청소년들에게 20개의 항목 가운데서 자신들에게 가장 중요한 여섯 가지를 선택하도록 질문했다. 첫 번째로

(67%) 선택한 것은 이성 중 누군가와의 친밀한 관계였다. 거의 모든 응답자가 섹스를 마지막으로 선택했다.[213]

우리가 섹스에 대한 하나님의 계획을 고수해 나갈 때, 그 결과는 깊고 지속되는 친밀감이다. 음란물은 그저 섹스일 뿐이고, "그저 섹스"는 당신이 원하는 마지막 항목에 불과하다.

38 자위행위는 괜찮은가요?

포르노의 꺼림칙한 똘마니는 자위행위(masturbation)다. 이 둘은 거의 항상 동반된다. 포르노물에 대한 노출이 늘어나면, 증가하는 성적 욕구를 만족시키기 위한 수단으로서 자위행위를 받아들이는 정도도 증가하게 된다. 이 문제는 내가 매우 자주 답변을 요청받는 화제이기도 하다. 더군다나 자위행위를 젊은이들에게 "건강한" 행위로서 장려하는 듯한 목소리가 힘을 얻는 것이 오늘날의 문화이기도 하다. 우리가 사는 주변의 문화는 음란물의 사용과 자위행위를 성교에 대한 영리한 대안으로 제시하기도 하지만, 그건 결코 현명한 선택이 아니다.

문화는 우리가 어떤 행동에 대해서 옳은지 그른지를 판단하기 위해서 사용할 잣대가 절대로 될 수 없다. 오직 하나님의 말씀만이 진리의 기준이 되신다. 그리고 하나님의 말씀에 근거하여 다음 세 가지 이유로 자위행위가 합당하지 않다는 결론을 내릴 수 있다. 자위행위는 틈을 준다. 자위행위는 음욕에 근거를 두고 있다. 자위행위는 친근감 없는 섹스다.

1. 자위행위는 틈을 준다.

에베소서 5장 3절 말씀은 하나님의 기준은 순결이라는 정의를 내린다. "음행과 온갖 더러운 것과 탐욕은 너희 중에서 그 이름조차도 부르지 말라. 이는 성도에게 마땅한 바니라."

자위행위는 실제 성교와 같은 신체적 반응을 유발한다. 다른 사람이 가담되지 않았다고 해서 섹스의 틈을 주지 않는 것은 아니다.

2. 자위행위는 음욕에 근거를 두고 있다.

순결이라는 하나님의 기준이 높다는 것은 의심의 여지가 없다. 실제로, 예수께서는 성적인 순결이 밖으로 나타난 행동뿐 아니라 우리 마음의 생각까지 포함된다고 하셨다.

마태복음 5장 28절에서 예수께서는 말씀하셨다. "나는 너희에게 이르노니 음욕을 품고 여자를 보는 자마다 마음에 이미 간음하였느니라." 예수님의 기준은 당시에 큰 파문을 일으키기에 충분했으며, 오늘날에도 사람들의 생각을 뒤흔들어 놓는다. 세상은 섹스에 관한 한 가능한 대로 경계

성적인 순결은 밖으로 나타난 행동뿐 아니라 우리 마음의 생각까지 포함된다.

선 가까이까지 접근하라고 당신에게 말할 것이다. 그러나 그것은 당신의 생각에 논쟁거리만 만들어 놓을 뿐이다.

골로새서 3장 5절에는 음욕이 심각한 문제라는 것을 보다 더 명백하게 드러낸다. "그러므로 땅에 있는 지체를 죽이라. 곧 음란과 부정과 사욕과 악한 정욕과 탐심이니 탐심은 우상 숭배니라."

거기에 손을 대지 말라. 음욕을 가지고 실험하지 말라. 심각한 결과는 생기지 않을 것이라고 기대하면서 성적 욕망에 불을 붙이지 말라. 죽여 버려라. 달려라. 도망쳐라. 정지하라.

3. 자위행위는 친밀감 없는 섹스다.

이 책 전체를 통해서 우리는 하나님께서 마음에 특별한 계획을 가지고 섹스를 창조하셨다는 사실을 강조해 왔다. 창세기 2장의 말씀에 남편과 아내가 "한 몸"을 이룬다고 묘사된 부분에서 우리는 남자와 여자 사이의 독특한 연합의 아름다운 그림을 보게 된

당신의 성을 위한 하나님의 계획에서 수치심은 그 어느 곳에도 없다.

다. 그것은 그들을 함께 묶어 주고 "하나"가 되게 하는 남편과 아내 사이의 섹스의 독특한 능력이다.

자위행위는 당신을 어느 누구와도 묶어 주지 않는다. 그것은 혼자 하는 행위이며, 일반적으로 남몰래 하는 것이다. 음란물에 노출되는 것과 같이, 자위행위도 중독성이 높을 수 있다. 당신은 당신이 원하는 도

파민의 폭발을 얻기 위해 같은 행위를 더욱더 필요로 하게 된다. 결혼을 한 후에는, 당신의 몸이 파트너와의 연결이 없이도 반응하도록 단련되었기 때문에 당신은 성적 역기능을 경험하게 될지도 모른다. 결과적으로 그에 덧붙여서 거의 항상 상당한 수치심이 남는다.

　당신의 성을 위한 하나님의 계획에서 수치심은 그 어느 곳에도 없다. 섹스는 당신과 당신의 배우자 사이에 공유되는 선물이 되도록 고안되었다. 섹스가 하나님의 순결한 기준을 고수하는 남편과 아내 사이에 나누어질 때, 부끄러움은 없다. 왜 다른 상황에서 섹스를 실험하려 하는가?

Q39 반복되는 죄를 벗어날 수 없다고 느껴질 때 어떻게 해야 하나요?

내가 이 책 전체를 통해서 강조한 바와 같이, 성적 자극은 기분을 좋게 하는 화학물질인 도파민의 강력한 분비를 유발한다. 도파민은 마약과 아주 흡사하게 작용한다. 같은 행동으로 인해 높아진 단계는 원래의 성행위에 의해 도달했던 것과 같은 수준에 도달해야 할 필요가 있다. 결과적으로, "비삽입 성행위(outercourse)"(성기를 삽입하지 않는 헤비페팅 같은 행위), 자위행위, 포르노그래피 감상 등을 포함한 성행위들은 중독의 가능성이 매우 높다.

만약 당신이 이런 행동들 가운데 어느 것이라도 해 보았다면, 일단 성행위의 길에 들어선 후에는 그것을 계속하기가 아주 쉽다는 것을 당신은 이미 알 것이다. 사실, 당신은 성적인 죄를 결코 극복할 수 없을 것이라는 그릇된 믿음을 갖고 있을지도 모른다.

당신은 "나는 어쩔 수가 없어."라고 느낄 수도 있다. 맞다. 당신은 할 수 없다. 당신 스스로는 죄를 극복할 수 있는 능력이 없다. 그러나 예수께서는 당신의 삶에서 죄의 능력을 이기는 승리를 주시기 위해 오셨다.

빌립보서 4장 13절은 약속한다. "내게 능력 주시는 자 안에서 내가 모든 것을 할 수 있느니라." 그리스도를 통하여 당신은 성적인 죄를 거부할 수 있는 능력을 갖게 된다. 많은 젊은이들이 성적인 죄와의 싸움에서 만성적인 패배를 경험하는 것은 자기 자신의 힘으로 승리를 얻으려고 하기 때문이다. 그들이 반복해서 실패하게 되면, 그들은 포기하고 성적인 죄의 습관에서 벗어날 수 없다고 결정을 내려버린다.

**우리 안에 있는
그리스도의 능력으로 인해
자유롭게 될 수 있다.**

당신이 어떻게 생각하는가가 당신이 어떻게 사는가를 결정하기 때문에 이것은 위험한 거짓말이다. 당신이 죄의 습관으로부터 자유롭게 되지 못할 것이라고 믿는다면, 벗어날 수 없을 것이다. 당신이 죄를 이겨 내지 못할 것이라고 믿는다면, 늘 패배로 끝날 것이다. 죄로부터 돌이키는 것은 쉬운 일은 아니지만, 하나님의 말씀은 우리 안에 있는 그리스도의 능력으로 인해 자유롭게 될 수 있다고 약속하신다.

로마서 6장 6~7절은 약속하신다. "우리가 알거니와 우리의 옛 사람이 예수와 함께 십자가에 못 박힌 것은 죄의 몸이 죽어 다시는 우리가 죄에게 종노릇 하지 아니하려 함이니 이는 죽은 자가 죄에서 벗어나 의롭다 하심을 얻었음이라." 우리가 삶을 그리스도께 맡겨 드릴 때, 우리의 옛 본성은 죽고 하나님께서 우리를 "새로운 피조물"(고후 5:17)로 만드신다. 우리가 자신에 대하여 죽을 때, 그리스도께서 우리 안에 사시고, 죄의 종 된 상태로부터 승리를 약속하신다.

때때로 그 자유는 즉각적으로 나타나서 죄악된 행동을 추구하고자 하는 유혹이 약해지기도 한다. 그렇지 않은 경우에는 죄로부터 자유로워지기 위해서 어떤 노력들이 필요하다. 당신이 당신의 삶에서 성적인 죄를 극복하기 위해서 힘쓰기로 마음을 먹는다면, 여기에 자유를 얻도록 도움을 주는 몇 단계가 있다.

1. 창조에 있어서 당신의 특별한 위치를 인식하라.

우리 주변의 문화는 인간이 동물과 다르지 않아서 섹스는 반드시 충족시킬 필요가 있다고 가르친다. 성적인 죄로부터 자유를 얻기 위해서는 당신이 동물이 아니라는 것을 이해할 필요가 있다. 당신은 하나님의 형상으로(창 1:26) 지음을 받았고, 그렇기 때문에 섹스를 향한 당신의 욕구는 동물들이 느끼는 것과는 다르다. 당신의 가장 중대한 필요는 하나님과의 친밀한 관계이다. 이것은 아주 중요한 진리이다. 만약에 당신이 가장 중대한 필요를 만족시키기 위해 하나님 대신 섹스에 기대를 걸었다면 당신은 실패할 것이 뻔한데, 그 이유는 육체적 쾌락으로 영적인 필요를 채우고자 했기 때문이다. 당신은 하나님의 형상으로 창조되었으며 그분과의 관계가 가장 근본적인 필요라는 것을 인식해야 한다.

그리고는 당신이 섹스를 통해 채우려 했던 마음의 갈망을 채워 달라고 하나님께 구해야 한다.

2. 당신의 죄를 시인하라.

29번 질문에 대한 답변에서 회개는 합리화시키거나 다시 범할 의도를 버리고 죄를 죄로 인정하기로 하나님과 동의하는 것이라고 했다. 당신이 범해 온 것이 진실로 죄라고 인정하는 것이야말로 당신의 발걸음을 자유로 향하게 하는 핵심 단계가 된다.

3. 그리스도의 몸 안에 들어가라.

하나님께서 우리로 하여금 죄의 극복을 위해 허락하신 가장 강력한 도구들 가운데 하나가 바로 교회이다. 갈라디아서 6장 1절은 말씀한다. "형제들아 사람이 만일 무슨 범죄한 일이 드러나거든 신령한 너희는 온유한 심령으로 그러한 자를 바로잡고 너 자신을 살펴보아 너도 시험을 받을까 두려워하라."

그리스도의 몸인 교회의 과업 중 하나가 죄에 사로잡힌 자의 회복을 돕는 일이다. 야고보서 5장 16절 말씀은 치유를 경험하기 위해서 우리에게 죄를 서로 고백하라고 강력하게 권고하신다. 지혜로운 동료 그리스도인에게 털어 놓는 것은 자유롭게 되는 과정에서 용기 있고도 중요한 발걸음이다. 당신의 그리스도인 동료들과 멘토들은 책임감을 가지고 기도하면서 성적인 죄에서 떠날 수 있도록 당신에게 도움을 줄 수 있다.

4. 유혹의 근원을 끊어버리라.

마태복음 18장 8절은 이렇게 말씀한다. "만일 네 손이나 네 발이 너를 범죄하게 하거든 찍어 내버리라. 장애인이나 다리 저는 자로 영생에 들어가는 것이 두 손과 두 발을 가지고 영원한 불에 던져지는 것보다 나으니라."

다른 말로 하자면, 유혹으로 이끄는 것이 있다면, 끊어 버리라! 당신이 만약 인터넷 포르노그래피에 중독되었다면, 컴퓨터를 없애 버리라. 만약 당신이 이성 친구와 성관계를 갖는 것을 그만둘 수 없다면, 그 관계에 공백기를 가지라. 자위행위 때문에 몸부림치고 있다면, 혼자 있는 시간을 어떻게 보낼 것인지 안전장치를 세우도록 하라.

죄로부터의 자유가 예수께서 십자가에 오르신 이유였다.

죄로부터 자유롭게 되는 것은 가능하다! 사실, 죄로부터의 자유가 예수께서 십자가에 오르신 이유였다. 당신은 그분의 능력을 힘입어 성적인 죄로부터 자유를 얻을 수 있다. "그리스도께서 우리를 자유롭게 하려고 자유를 주셨으니 그러므로 굳건하게 서서 다시는 종의 멍에를 메지 말라"(갈 5:1).

소녀들에게

에린 데이비스로부터

사랑스런 소녀들에게,

조시와 내가 함께 이 프로젝트에 대해 궁리하면서, 나는 가끔 여러분들을 생각했답니다. 여러분들이 언젠가는 이 책을 손에 쥘 것이고, 여러분이 무거운 마음으로 결단을 내려야 할 것이라는 것을 생각했지요.

물론 나도 우리 주변의 문화 속에서 성적으로 순결하게 살기로 선택하는 것이 쉽지 않은 일이라는 것을 잘 알고 있습니다. 여러분이 바라보는 곳 어디든지, 여러분의 눈에 띄는 것은 기다리는 것은 시대에 뒤떨어진 것이고 섹스는 여러분이 갈망하는 친밀한 관계의 비결이라는 메시지뿐이라는 것을 나도 잘 이해하고 있답니다. 난 그게 싫어요! 난 세상이 여러분에게 섹스에 관해 거짓말을 해 온 것이 싫습니다. 그보다도 여러분들 중 그토록 많은 사람들이 여러분 자신이 기다릴 만한 가치가 있는 분들이라는 것을 보려고 하지 않는 게 싫답니다.

만약 내가 여러분에게 오직 한 가지 사실만을 붙잡게 할 수 있다면, 그것은 여러분이 이미 깊은 사랑을 받고 있다는 사실일 겁니다.

예레미야 31장 3절은 말씀합니다. "옛적에 여호와께서 나에게 나타나사 내가 영원한 사랑으로 너를 사랑하기에 인자함으로 너를 이끌었다 하였노라." 스가랴 2장 8절에서 하나님은 여러분을 "그의 눈동자"라고 부르십니다. 아가서에서는 줄곧 그의 "사랑하는 자"라고 여러분을 부르십니다. 시편 45장 11절에서는 그가 "여러분의 아름다움을 사모하신다"고 주장하십니다.

하나님께서는 창조 때부터 여러분에게 구애를 해 오셨습니다. 예수께서 이 땅에 오셔서 죽으신 것은 여러분으로 하여금 영원토록 그분과 함께 있게 하시기 위함입니다. 그분은 여러분의 마음을 달라고 하셨고 절대로 여러분을 떠나거나 저버리지 않겠노라고 약속하셨습니다.

내가 말하려고 하는 내용을 뒷받침할 자료가 충분히 있을 거예요. 하지만 내가 여자이기 때문에 이 말이 진실이라는 걸 압니다. 십대 소녀들이 성적으로 죄를 범하는 것은 사랑을 경험하고자 하는 깊은 열망 때문이지요. 여러분이 남자친구와 관계를 가지려는 유혹을 받는 것은 그것이 서로를 더 가깝게 하고 남자친구의 마음을 여러분에게 확실히 붙들 수 있을 거라고 생각하기 때문일 거예요. 어쩌면 여러분은 사랑받고 있다는 확인을 얻기 위해 이미 닫힌 문 뒤에서 자신의 일부를 주어 버렸을 수도 있겠지요. 제 말을 잘 들으세요. 우주를 창조하신 하나님께서 여러분이 인간관계에서 경험할 수 있는 어떤 사

> **기다리는 것이 가치가 있지만, 사랑스런 당신은 정말 기다릴 만한 가치가 있다.**

랑보다도 더 위대한 사랑을 이미 아낌없이 여러분에게 주셨습니다.

여러분은 왕 중의 왕이신 하나님의 존귀한 딸이기 때문에 기다릴 만한 가치가 있답니다. 섹스가 기다릴 만한 가치가 있는 까닭은 결혼 안에서만 가능한 헌신된 관계 안에서 최고의 섹스가 이루어지기 때문이랍니다.

어떤 분들은 기다리기를 원하지만, 순결을 위해 외로움과 싸우고 있을 겁니다. 여러분은 혼자가 아니라는 걸 확인해 드리고 싶네요. 나는 여러분처럼 기다리고 있는 수천 명의 젊은 여성들을 만났답니다. 더군다나 나도 기다렸어요. 그래서 나는 결혼 첫날밤을 위해 나의 몸과 마음의 모든 부분을 지킨 것이 참으로 기쁘다고 나의 경험으로부터 말씀드릴 수 있답니다. 내가 결혼 후 십 년이 지난 후에도 남편과 나누는 친밀한 관계는 내가 하나님의 시간을 기다리는 동안 느꼈던 외로움과 불안의 모든 순간을 훨씬 초월하는 것이랍니다.

십대 소녀들이 성적으로 죄를 범하는 것은 사랑을 경험하고자 하는 깊은 열망 때문이다.

기다리는 건 가능합니다. 기다리는 것도 가치가 있지만, 사랑스런 당신은 정말 기다릴 만한 가치가 있답니다.

여러분의 팬

에린

소년들에게

조시 맥도웰로부터

여러분과 함께 아버지와 아들처럼 시간을 보낸다는 것은 참으로 신나는 일입니다. 우리는 정말 쉽지 않은 내용을 까놓고 이야기했고, 그래서 여러분이 기다리기를 원합니다. 여러분을 향한 나의 사랑은 하나님의 경계선 밖의 섹스에서 반드시 동반되는 치명적인 손상으로부터 여러분을 보호하기 위해 여러분이 결혼까지 기다리기를 열망합니다.

우리 사이의 대화에서 이 마지막 말들을 깊이 생각하세요. 이건 섹스와 순결에 대해 남자 대 남자로서 말할 수 있는 기회입니다.

더 진행해 나가기 전에 나는 왜 여러분에게 문제가 되는지를 알려주고 싶습니다. 남자로서 우리는 우리가 능력을 가지고 있다는 것을 알고 싶어 합니다. 우리는 우리 주변에 있는 사람들로부터 존경과 감사를 깊이 열망합니다.

하나님의 말씀은 여러분이 중요한 존재임을 밝히고 있습니다. 하나님께서는 그분처럼 사는 삶과 복음의 소식을 다른 사람들과 나누는 사명을 여러분에게 위임하셨습니다. 분명히, 여러분은 하나님의 나라에서 가치 있는 존재입니다. 여러분의 가치는 하나님으로부터 오는 것이지, 어떤 다른(성적이거나 여타) 공적으로부터 생기는 것이 아닙니다. 세상은 여러분이 성적으로 아주 적극적이거나 많은 여자들과 가까이하면 존중을 받을 것이라고 말할지도 모릅니다. 하나님께서는 여러분의 가치가 그분께 속함으로부터 온다고 말씀하십니다. 여러분은 하나님과 함께 업적을 남길 필요가 없습니다. 하나님께서는 여러분이 부르심에 합당한 삶을 살며 그분이 약속하신 풍성한 삶을 위한 싸움을 계속할 수 있는 능력을 갖도록 기다리라고 요구하십니다.

순결은 당신이 진실한 남자라는 증거이다.

섹스의 공세가 사방으로부터 퍼붓는 상황 속에서 우리가 순결을 향해 부름 받아 나간다는 것이 결코 쉬운 일은 아닙니다. 그러나 중요한 건 이겁니다. 순결은 여러분이 진실한 남자라는 증거입니다. 진실한 남자는 다른 사람들이 한다고 그냥 따라하지는 않습니다. 진실한 남자는 자신이 돌보는 사람들을 보호하기 위해 결단을 내립니다. 실제로, 성적으로 순결한 삶을 통해 당신의 성으로 하나님을 영화롭게 하는 삶을 살기로 선택함으로써, 당신은 이미 미래의 아내와 자녀들을 부양하고 있는 것입니다. 그걸 생각하세요! 그것이 존중받을 만한 선택입니다.

성적 순결을 위한 여정은 쉽지만은 않다는 것을 당신은 이미 알고 있습니다. 당신에게 현명한 조언을 해 줄 믿을 만한 목소리들을 찾으십시오. 이 싸움을 동료 전사들과 함께하십시오. 서로 책임 있게 붙들어 주고, 실수할 때 서로 일으켜 주며, 당신의 삶에 하나님의 최선이 이루어지도록 밀어붙이십시오.

당신의 가치는 하나님으로부터 온다.

최고가 아닌 섹스에 만족하지 마십시오! 기다림은 가능하며, 기다릴 만한 가치가 있습니다. 앞장서 나가세요!

안녕!
조시

청소년 지도자들을 위한 메모

섹스는 이야기하기 어려운 소재입니다. 여러분이 젊은이들과 함께 일하고 있다면, 그들의 망설임으로 인해 그들이 섹스에 관해 충분히 듣지 못했다는 것을 알 것입니다. 섹스에 대해 "무엇이든지 좋다"는 태도를 보이는 오늘날 우리 문화의 물결은 너무나 많은 젊은이들의 삶에 파멸의 자취를 남겨 놓았습니다. 우리가 만약 청년들이 특별히 이성교제와 결혼과 사랑의 영역에서 그들의 삶을 위한 하나님의 계획을 받아들이기를 원한다면, 우리는 섹스의 문제에 관한 사실들을 있는 그대로 알려 주어야만 합니다.

이 책은 포르노그래피나 자위행위, 성 중독 같은 어려운 주제에 대해서도 부끄러워하거나 주저하지 않습니다. 그 목표는 충격효과를 노리는 것이 아니라, 청소년들이 실시간으로 몸부림치고 있는 문제들에 대해 이야기하려는 것입니다. 젊은이들의 삶에 주는 이 책의 영향력을 극대화하기 위해서, 우리는 여섯 장의 뒷부분에 토의를 위한 질문을 실었습니다. 이 질문들은 학생들이 배운 것에 대해 안심하고 자신감 있게 이야기할 수 있는 분위기인 또래집단의 토의에서 가장 효과적으로 사용될 수 있습니다.

우리는 섹스에 관한 가벼운 대화는 권장하지 않습니다. 이 책에서 다룬 주제들이 까다로운 문제라는 것은 우리도 알고 있습니다. 그러나 하나님께서 섹스란 주제에 관해 침묵하지 않으시고 문화도 침묵하지 않기 때문에, 여러분의 그룹에 속한 젊은이들에게 이 주제에 관한 하나님의 진리를 탐구할 기회를 만들어 줄 수 있도록 여러분을 준비시켜 드리고 싶습니다.

여러분의 영향권 안에 있는 젊은이들에게 진리를 전해 주시는 여러분에게 감사를 드린다.

여러분의 영향권 안에 있는 젊은이들에게 진리를 전해 주시는 여러분에게 감사를 드립니다. 결혼과 성에 관한 하나님의 계획을 고수하도록 젊은이들을 준비시켜 주시는 여러분에게 감사를 드립니다. 우리가 이 책에서 나눈 대로, 하나님의 설계 안에서 섹스를 누릴 때, 그 결과는 너무나 좋은 것입니다. 젊은이들로 하여금 섹스를 위한 하나님의 비전을 보도록 도와줌으로 여러분은 젊은이들에게 일생 동안 지속될 선물을 주고 있는 것입니다!

주

1. "What Are the Most Googled Words in the World?" WebUpon.com/ search-engine.
2. George Barna, "The Church and the Mosaic Generation," Homiletics Online. homileticsonline.com.
3. Dave Kinnaman, "The Mosaic Generation," Enrichment Journal (Fall 2006). enrichmentjournal.ag.org.
4. See the True Love Revolution. trueloverevolution.wordpress.com.
5. Sharon Jayson, "Abstinence Message Goes beyond Teens," *USA Today* (October 31, 2006). usatoday.com/news.
6. Planned Parenthood. plannedparenthood.org/healthtopics.
7. Susan E. Barker, "Cuddle Hormone." oxytocin.org/cuddlehormone/ index.html.
8. EdwardO.Laumann,etal.*The Organization of Sexuality: Sexual Practices in the United States* (Chicago:UniversityofChicagoPress,1994),363.65.
9. Joan R. Kahn and Kathryn London, "Premarital Sex and the Risk of Divorce," *Journal of Marriage and the Family*, 53 (1991), 845.55.
10. William R. Mattox, Jr., "Aha! Call It the Revenge of the Church Ladies," *USA Today* (February 11, 1999). usatoday.com.
11. Child Trends, "Sexually Transmitted Diseases (STDs) among Adolescents and Young Adults," Facts at a Glance 200603 (2006). childtrends.org.
12. Centers for Disease Control and Prevention, HIV/AIDS Surveillance Report, vol. 16 (2005). cdc.gov.
13. B. E. Hamilton, et al., "Births: Preliminary Data for 2009," National Vital

Statistics Reports (2010), 59(3), table 2.
14. A. Chandra, et al., "Fertility, family planning, and reproductive health of U.S. women: Data from the 2002 National Survey of Family Growth, National Vital Health Statistics (2005), 23 (25), 12.
15. Daniel R. Weinberger, M.D., Brita Elvevag, Ph.D., and Jay N. Giedd, M.D., "The Adolescent Brain: A Work in Progress," The National Campaign to Prevent Teen Pregnancy (June 2005), 5.
16. Helen Phillips, "Instant Expert: The Human Brain," *New Scientist* (September 4, 2006). newscientist.com.
17. Shannon Brownlee, et al., "Inside the Teen Brain," *US News & World Report* (August 1, 1999). usnews.com/usnews/culture.
18. Ibid.
19. Ibid.
20. "Sexuality in Adolescence," *Journal of Youth and Adolescence* (November 2007). righthealth.com.
21. Kaiser Family Foundation, "Teen Sexual Activity," in conjunction with Seventeen magazine article, "Virginity and the First Time" (2002). kff.org/mediapartnerships.
22. Barker, "Cuddle Hormone."
23. Joe S. McIlhaney Jr., M.D., and Freda McKissic Bush, *Hooked: New Science on How Casual Sex Is Affecting Our Children* (Chicago: Northfield Publishing, 2008).
24. Ibid.
25. Ibid.
26. definitions.net/definition/purity.
27. "Sexually Transmitted Diseases," Epigee. epigee.org/guide/stds.
28. The Medical Institute, "The Facts about Condoms." medinstitute.org/content.
29. The Medical Institute, "Parents and Adolescents' Attitudes." medinstitute.org/media/Attitudes.htm.
30. McIlhaney and Bush, Hooked, 117.
31. Ibid., 81.
32. "Overview of Sexually Transmitted Disease (STD)," HealthCommunities.com.
33. John Wright, ed., *The New York Times Almanac 2002* (London: Psychology Press, 2001), 480.
34. Reuters, "CDC: Sexually Transmitted Diseases Still Rising in U.S.," Fox

News (November 16, 2009). foxnews.com.
35. Lindsey Tanner, "Study Finds 1 in 4 U.S. Teens Has an STD," ABC News (March 11, 2008). wjla.com/news/stories.
36. Centers for Disease Control and Prevention, "Public Health Leaders Gather at National STD Prevention Conference to Address Heavy Toll of Sexually Transmitted Diseases" (March 2, 2010). cdc.gov.
37. The Medical Institute, "Statement on HPV Vaccine." medinstitute.org.
38. American Social Health Association, "PID (Pelvic Inflammatory Disease) Questions & Answers." ashastd.org.
39. Centers for Disease Control and Prevention, "HPV and Men: Fact Sheet." cdc.gov.
40. AVERT, "United States HIV & AID Statistics Summary." avert.org.
41. Centers for Disease Control and Prevention, "20 Years of AIDS" (May 31, 2001). cdc.gov.
42. The Medical Institute, "Statement on HPV Vaccine."
43. Centers for Disease Control and Prevention, "Human Papillomavirus (HPV)" (March 11, 2011). cdc.gov/hpv.
44. Centers for Disease Control and Prevention, "HPV Vaccine.What You Need to Know" (March 3, 2010). cdc.gov/vaccines.
45. Centers for Disease Control and Prevention, "Genital HPV Infection" (November 24, 2009). cdc.gov.
46. National Council of Women's Organizations, "Key Facts about Cervical Cancer: HPV Testing and Older Women." cluw.org/CCPW/ ncwoFactsheet2.
47. D. L. Hughes, "How Can Men Be Tested for HPV?" eHow.com.
48. L. A. Koutsky, "Epidemiology of genital human papillomavirus infection," *American Journal of Medicine* (1997), 102 (5A), 3.8.
49. L. A. Koutsky and N. B. Kiviat, "Genital Human Papillomavirus," in K. K. Holmes, et al., eds., *Sexually Transmitted Diseases* (New York: McGraw Hill, 1999), 347.59, quoted in Sexual Health Update Newsletter (Spring 2000), 1.2.
50. Eileen F. Dunne, et al., "Prevalence of HPV Infection among Females in the United States," *Journal of the American Medical Association*, vol. 297, no. 8 (February 28, 2007). jama.com.
51. National Institute of Health, "Cervical Cancer," Consensus Development Statements 14, no. 1 (April 1.3, 1996). odp.od.nih.gov/consensus/ cons/102.
52. Planned Parenthood, "Human Papillomavirus (HPV)." plannedparenthood.org.
53. Joe S. McIlhaney Jr., M.D., *Sex: What You Don't Know Can Kill You* (Grand

Rapids, MI: Baker, 1997), 34, 36.
54. Kaiser Family Foundation, "The Tip of the Iceberg: How Big Is the STD Epidemic in the U.S.?" (December 2, 1998). kff.org/ womenshealth/1447.
55. American Cancer Society, "Cancer Facts and Figures 1999: Selected Cancers" (February 21, 2000). cancer.org/statistics/cff99/ selectedcancers.html.
56. Institute for Youth Development, "STDs.A Teenage Epidemic?" *The Youth Connection* (March/April 2004), 4. youthdevelopment.org.
57. Matthew B. Rettig, M.D., "HPV Virus Helps Cervical and Head and Neck Cancers Grow and Spread," UCLA Jonsson Comprehensive Cancer Center (November 4, 2008). cancer.ucla.edu.
58. Centers for Disease Control and Prevention, "Cervical Cancer Rates by Race and Ethnicity" (January 26, 2011). cdc.gov.
59. CDC, "HPV and Men."
60. Chastity.com, chastity.com/chastityqa/stds/infections.
61. JoAnne Allen, "U.S. herpes rates remain high.CDC," Reuters (March 9, 2010). reuters.com.
62. Sexuality Information and Education Council of the U.S., "Fact Sheet: Sexually Transmitted Diseases in the United States," Siecus Report 25, no. 3 (1997).
63. Women's Health, "Pelvic Inflammatory Disease." womenshealth. co.uk/pid.html.
64. Florida Association of Planned Parenthood Affiliates, Inc., "CDC Report Finds Adolescent Girls Continue to Bear a Major Burden of Common Sexually Transmitted Diseases." floridaplannedparenthood.org/news.
65. "Invasive Cervical Cancer Rising in Young White Females," *Journal of the National Cancer Institute*, vol. 86, issue 1 (January 5, 1994), 6.7. jnci.oxfordjournals.org.
66. Centers for Disease Control and Prevention, "HIV/AIDS and Women" (February 11, 2010). cdc.gov.
67. Centers for Disease Control and Prevention, "STDs & Pregnancy" (January 4, 2008). cdc.gov.
68. House Committee on Commerce, "Ronald O. Valdiserri, M.D., addressing the Subcommittee on Health and Environment on cervical cancer," Congressional Record (March 16, 1999), 18.22.
69. Center for Young Women's Health, "Sexually Transmitted Diseases (STDs): General Information." youngwomen'shealth.org.

70. McIlhaney and Bush, Hooked, 81.
71. Office of National AIDS Policy, "Youth and HIV/AIDS 2000: A New American Agenda." whitehouse.gov/administration/eop.onap.
72. McIlhaney and Bush, Hooked, 81.
73. Center for Young Women's Health, "Sexually Transmitted Diseases."
74. Megan Brooks, "Half of teen girls have STIs by 2 years of first sex," Reuters (December 7, 2009). reuters.com/article.
75. Joe S. McIlhaney Jr., M.D., "Because Sex Is Not a Game This School Year," *The Medical Institute Quarterly* (Spring 2002).
76. DoSomething.org, "11 Facts about Teens and STIs."
77. Josh McDowell, *Why True Love Waits* (Carol Stream, IL: Tyndale House Publishers, 2002), 39.
78. DoSomething.org, "11 Facts about Teens and STIs." dosomething.org/tipsandtools/11factsaboutteensandstds.
79. The Medical Institute, Abstinence and "Safer Sex" Sexuality Education: A Comparison (Austin, TX: The Medical Institute), 20.
80. C. Leah, L. Jackson, et al., Centers for Disease Control, powerpoint. "Chlamydia Screening and STD Education for Highrisk Teens," 2002. cdc.gov/stdconference/2002/slides/b7leah.pps.
81. CDC, "STDs in Adolescents and Young Adults," STD Surveillance 2002: Special Focus Profiles. cdc.gov/std/stats02/2002pdf/SFAdoles.pdf.
82. McIlhaney and Bush, Hooked, 81.
83. Institute for Youth Development, "Benefits of Delaying Sexual Debut" (2008). youthdevelopment.org.
84. Gary L. Rose, M.D., Sexual Health for Life Seminar, September 12, 2007, Pittsburgh, PA.
85. Ibid.
86. Raymond G. Bohlin, Ph.D., "Probe Ministries: Safe Sex and the Facts," Leadership U (July 14, 2002). leadershipu.com/orgs/probe/ docs/safesex.html.
87. Statistics: STI/STDs #95, Relationships Under Construction, high school curriculum (Sunbury, OH: ATM Education, 2008), 126.
88. Centers for Disease Control and Prevention, "Premarital Sexual Experience among Adolescent Women.United States, 1970.1988," Morbidity and Mortality Weekly Report 39, no. 51 (January, 1991), 929.32.
89. "Scientific Evidence on Condom Effectiveness for Sexually Transmitted Disease (STD) Prevention," The National Institute of Health and the National

Institute of Allergy and Infectious Disease (July 2001).
90. Centers for Disease Control and Prevention, "HPV: Common Infection, Common Reality." cdc.gov/std/hpv.
91. Anjum Khursid, MBBS, MPAff, "Talking Points on Winer's Article in New England Journal of Medicine on Condom Use and HPV Risk," The Medical Institute. medinstitute.org.
92. Ibid.
93. Ibid.
94. Raymond G. Bohlin, Ph.D., "Probe Ministries: The Epidemic of Sexually Transmitted Diseases," Leadership U (July 14, 2002). leadershipu.com/orgs/probe/docs/safesex.html.
95. Ibid.
96. Kaiser Family Foundation, "It's Your (Sex) Life: A Guide to Safe and Responsible Sex." kff.org/mediapartnerships.
97. Centers for Disease Control and Prevention, "STDPrevention Counseling Practices and Human Papillomavirus Opinions among Clinicians with Adolescent Patients.United States, 2004," Morbidity and Mortality Weekly Report 55, no. 41 (October 20, 2006), 1117.120.
98. Planned Parenthood,"Human Papillomavirus (HPV)." plannedparenthood.org.
99. Rose, Sexual Health for Life Seminar.
100. Sexual Information and Education Council of the U.S., "Fact Sheet: Sexually Transmitted Diseases in the United States."
101. Relationships Under Construction, high school curriculum (Sunbury, OH: ATM Education, 2008), 118.
102. Jacqueline Matuza, "What Is the Incubation Period of AIDS?" eHow Health. ehow.com.
103. Kaiser Family Foundation, "TV Sex Getting 'Safer,' Kaiser Family Foundation Study Finds" (February 4, 2003). kff.org/entmedia.
104. Anna Forbes, "Askable Parents, Teachable Moments," Bryn Mawr Alumnae Bulletin. brynmawr.edu.
105. The Medical Institute, "The Facts about Condoms."
106. "Overview of Sexually Transmitted Disease (STD)." HealthCommunities.com.
107. Trace W. Kershaw, et al., "Sexual Risk Following a Sexually Transmitted Disease Diagnosis: The More Things Change the More They Stay the Same," Journal of Behavioral Medicine, vol. 27, no. 5, 445.61.
108. CDC, "HPV Vaccine: What You Need to Know."

109. Centers for Disease Control and Prevention, "Genital Herpes." cdc.gov.
110. Hepatitis B Foundation, "General Information: FAQ." hepb.org.
111. National Cancer Institute, "Human Papillomavirus (HPV) Vaccines," (October 22, 2009). cancer.gov.
112. Centers for Disease Control and Prevention, "Trends in Reportable Sexually Transmitted Diseases in the United States, 2006," Surveillance 2006. cdc.gov.
113. Reuters, "CDC: Sexually Transmitted Diseases Still Rising in U.S."
114. McIlhaney and Bush, Hooked, 81.
115. McIlhaney, "Because Sex Is Not a Game This School Year."
116. Ed Vitalgiano, "New Study: Half of Young People Will Contract STDs," Alan Guttmacher Institute (May 13, 2004). crosswalk.com.
117. McIlhaney, "Because Sex Is Not a Game This School Year."
118. Kaiser Family Foundation, "What Teens Don't Know about STDs Puts Them at Risk" (March 8, 1999). kff.org.
119. Ibid.
120. The Medical Institute, "Sex, Condoms & STDs: What We Now Know" (2003). medinstitute.org.
121. "Human Immunodeficiency Virus," PDR Health, Diseases & Conditions. pdrhealth.com/disease.
122. Sexual Information and Education Council of the U.S., "The Truth about Adolescent Sexuality." siecus.org.
123. Centers for Disease Control and Prevention, "Premarital Sexual Experience among Adolescent Women.United States, 1970.1988," Morbidity and Mortality Weekly Report 39, no. 51 (January 1991), 929.32.
124. "Study: Half of Teen Girls Infected with STDs within 2 Years of Having Sex," Fox News (December 8, 2009). foxnews.com/story.
125. Sexual Information and Education Council of the U.S., "The Truth about Adolescent Sexuality." siecus.org.
126. Kaiser Family Foundation, "What Teens Don't Know about STDs Puts Them at Risk" (March 8, 1999). kff.org.
127. Reuters, "HPV Linked to 25,000 Cancers in 5 Years: Government study suggests need for HPV screening men and women," MSNBC.com (November 3, 2008). msnbc.com.
128. Rettig, "HPV Virus Helps Cervical and Head and Neck Cancers Grow and Spread."
129. Dunne, et al., "Prevalence of HPV Infection."

130. Julie Sharp, "Oral Sex Linked to Throat Cancer," BBC News (May 10, 2007). news.bbc.co.uk/2/hi/health.
131. Reuters, "HPV Linked to 25,000 Cancers in 5 Years."
132. Ibid.
133. JoNel Aleccia, "'Eww' factor aside, anal HPV infection is a risk," MSNBC Women's Health (May 23, 2008). msnbc.msn.com.
134. "Throat Cancer Added to List of Diseases Caused by HPV," *Houston Chronicle* (May 2007).
135. "Sexually Transmitted Diseases," Epigee.
136. Reuters, "CDC: Sexually Transmitted Diseases Still Rising in U.S."
137. Haishan Fu, "Contraceptive Failure Rates: New Estimates from the 1995 National Survey of Family Growth," Family Planning Perspective, vol. 31, no. 2 (March/April 1999).
138. Centers for Disease Control and Prevention, "STDPrevention Counseling Practices and Human Papillomavirus Opinions among Clinicians with Adolescent Patients.United States, 2004," Morbidity and Mortality Weekly Report 55, no. 41 (October 20, 2006), 1117.120.
139. Planned Parenthood, "Fact Sheet: HPV.The Most Common Sexually Transmitted Virus" (August, 2006). plannedparenthood.org.
140. Elizabeth Boskey, Ph.D., "What are the federal guidelines for abstinence only education?" About.com (October 13, 2010). std.about.com/od/syphilis/f/federalabstinenceregs.htm.
141. McIlhaney and Bush, Hooked, 20.
142. Ibid.
143. Laura Vanderkam, "Sexually Active Girls' Lament: Why Didn't I Wait?" *USA Today* (June 12, 2003). usatoday.com.
144. R. E. Rector, K. A. Johnson, and L. R. Noyes, "Sexually Active Teenagers Are More Likely to Be Depressed and to Attempt Suicide," Washington, DC: A report from the Heritage Center for Data Analysis, Heritage Foundation CDA03.04 (2008), 78.
145. Personal interview, Freda McKissic Bush.
146. Extrapolated from Joe S. McIlhaney Jr., M.D., and Freda McKissic Bush, Hooked, 78.
147. "Your Brain on Sex," Reuniting: Healing with Sexual Relationships (June 25, 2005). reuniting.info/science.
148. Cited in Kaiser Family Foundation, "Substance Use and Risky Sexual

Behavior: Attitudes and Practices Among Adolescents and Young Adults" (February, 2002). kff.org.
149. Kaiser Family Foundation, "Teen Sexual Activity."
150. Rose, Sexual Health for Life Seminar.
151. Aleccia, "'Eww' factor aside."
152. Christine HillKayser, M.D., "Anal Cancer: The Basics," OncoLink (February 23, 2008). oncolink.org.
153. Kaiser Family Foundation, "Teen Sexual Activity."
154. Chris Wagner, "Oral Sex Is Sex, and Most Teens Don't Know It," Center for Parent/Youth Understanding. cpyu.org.
155. Laura Sessions Stepp, "Teen Sexual Activity on the Rise," The Detroit News (September 16, 2005). detnews.com/2005/health.
156. Ibid.
157. merriamwebster.com/dictionary/sex.
158. Wagner, "Oral Sex Is Sex."
159. Judith Reisman, Ph.D., "Psychopharmacology of Pictorial Pornography Restructuring Brain, Mind & Memory & Subverting Freedom of Speech" (The Institute for Media Education), taken from Relationships Under Construction, high school curriculum (Sunbury, OH: ATM Education, 2008), 198. Information also found in Human Nature, vol. 9, no. 1 (1998), 34.
160. Wagner, "Oral Sex Is Sex."
161. Elizabeth Boskey, Ph.D., "Is Oral Sex Safe Sex?" About.com (July 6, 2009). std.about.com.
162. Roxanne Khamsi, "Oral Sex Can Cause Throat Cancer," *New Scientist* (May 9, 2007). newscientist.com.
163. Sharp, "Oral Sex Linked to Throat Cancer."
164. Reader's Digest, August 2008, "What You Need to Know: HPV and Cancer Risk." rd.com/health/hpvandcancerriskfacts.
165. Cathy Becker, "The Oral Sex Cancer Connection," Good Morning America On Call (October 15, 2008). abcnews.go.com/GMA/ OnCall.
166. Bernadine Healy, M.D., "Clueless about Risks of Oral Sex," *U.S. News & World Report* (March 19, 2008), 60. usnews.com.
167. Susan Richardson, "An Overlooked Weapon in the Battle of Teen Pregnancy: SelfEsteem," Austin American Statesman (March 5, 1998).
168. Centers for Disease Control and Prevention, National Vital Statistics System (March 16, 2011). cdc.gov/nchs/data_access/vitalstats.

169. JASWiki, "Sexually Transmitted Diseases" (November 4, 2010). ankerberg.com.
170. Dr. Lawrence Laycob, Ph.D., M.D. From a public presentation, Colorado.
171. Personal conversation.
172. U.S. Bureau of the Census, "America's Families and Living Arrangments" Current Population Reports, Series (March 2000).
173. Janice Shaw Crouse, Ph.D., "The Myths and Reality of Living Together without Marriage," Focus on the Family, 2007. crosswalk.com.
174. Ibid.
175. Statistic from a study by Scott Stanley at the University of Denver, MSN Lifestyle, "Cohabitation Shows Tendency toward Divorce?" (September 2009). lifestyle.msn.com.
176. Mattox Jr., "Aha! Call It the Revenge of the Church Ladies."
177. L.J. Waite and M. Gallagher, "The Case for Marriage: Shedding Light on the State of Marriage in America," *The Medical Institute Quarterly* (Spring, 2002).
178. Ibid.
179. U.S. Census, "Income Distribution Measures, by Definition of Income: 2009," section: MarriedCouple Households. census.gov/hhes/ www/cpstapbles/032010/rdcall/1_002.htm.
180. Ibid.
181. D. S. Burgoyne, "Factors affecting coital frequency," Medical Aspects of Human Sexuality (May 1974), 152.54.
182. Dr. John R. Diggs Jr., "Sex without Marriage Often Ruins People's Health and Wellbeing," from *Waite and Gallagher's The Case for Marriage* (New York: Doubleday, 2000). josh.org.
183. Mattox Jr., "Aha! Call It the Revenge of the Church Ladies."
184. Ibid.
185. James [anonymous], "Sex and the Pity," Think Christian (May 25, 2008), citing Dr. Nancy Moore Clatworthy's interview in Seventeen magazine. thinkchristian.net.
186. McIlhaney and Bush, Hooked, 33.
187. McDowell, Why True Love Waits.
188. Lance Morrow, "Fifteen Cheers for Abstinence," *Time* (October 2, 1995), 90.
189. Ibid.
190. lovetoknow, "Dating and Teen Sex: What We Know." dating.lovetoknow.com.

191. National Campaign to Prevent Teen and Unplanned Pregnancy, "Sex and Tech: Results from a Survey of Teens and Young Adults," Cosmogirl.com (December 10, 2008). thenationalcampaign.org.
192. Ibid.
193. Wikipedia, "Sexting." en.wikipedia.org/wiki/Sexting.
194. "Sexting Girls Facing Porn Charge Sue D.A.," CBSNews.com (March 27, 2009). cbsnews.com/stories.
195. Mike Brunker, "'Sexting' surprise: Teens face child porn charges," MSNBC.com (January 15, 2009). msnbc.msn.com.
196. Michael Inbar, "'Sexting' cited in teen's suicide," MSNBC.com (December 2, 2009). msnbc.msn.com.
197. McIlhaney and Bush, Hooked, 121.23.
198. Institute for Youth Development, Benefits of Delaying Sexual Debut.
199. McIlhaney and Bus, Hooked.
200. Kaiser Family Foundation, "Teen Sexual Activity."
201. merriamwebster.com/dictionary/pornography.
202. Gary Foster, "Porn Plague," Religious Market Update (February 10, 2009), 1. garydfoster.com.
203. Gary Foster, "Prolific Porn," Religious Market Update (February 10, 2009), 1. garydfoster.com.
204. U.S. News & World Report (March 27, 2000), cited in Josh McDowell, Why True Love Waits.
205. MSNBC/Stanford/Duquesne Study, *Washington Times* (January 26, 2000), cited in Josh McDowell, Why True Love Waits.
206. Dr. Robert Weiss, Sexual Recovery Institute, *Washington Times* (January 26, 2000), cited in Josh McDowell, Why True Love Waits.
207. Ibid.
208. Campus Ministry Update (September 2004). www.ivyjungle.org.
209. Foster, "Porn Plague."
210. McDowell, Why True Love Waits.
211. James Check, "The Effect of Violent and Nonviolent Pornography," in Michael McManus Jr., ed., *Final Report of the Attorney General's Commission on Pornography* (Nashville: Rutledge Hill Press, 1986), 251.52.
212. Ibid.
213. McDowell, Why True Love Waits.

감사의 글

관계 속에서 진실하게 사랑을 실행해 온 것에 대해 도티와 나의 가족들에게,

이 놀라운 주제에 관한 그들의 전문가적 식견과 통찰력을 빌려준 것에 대해 팸, 라키타, 션, 프레다, 엘레인과 크리스티에게,

피로를 모르는 조사와 손으로 쓴 나의 글을 읽기 쉬운 활자로 바꾸어준 것에 대해 수와 킴에게,

탁월한 전문성과 창조적 통찰력을 가진 그리스도 공동체로서 그들의 극적인 "커피 쇼"를 찍을 수 있도록 허락해 준 것에 대해 프로리픽 필름사에,

함께한 일이 참으로 놀라웠고, 참 대단한 일을 해낸 것에 대해 에린에게 감사드린다.

조시 맥도웰의 책

위험한 호기심, 솔직한 대답

자녀양육 전 과정을 통해서 섹스에 대한 하나님의 목적에 관해 마음을 열고 자녀들과 사랑스러운 대화를 나누고자 하는 부모들을 위한 지침서

조시와 도티 맥도웰 지음/최유신 옮김/13,000원

　젊은이들 사이에 통용되는 섹스-성행위-에 대한 생각들은 많은 걱정을 안겨주는 짐이 아닐 수 없다.
　만일 어떤 낯선 사람이 매일 당신 자녀의 방에 살그머니 숨어 들어와서 섹스에 관해 왜곡되고 변태적인 개념들을 체계적으로 가르치고 있다면 어떻게 하겠는가? 그리고 당신의 자녀가 받아온 이 "성교육"이 그들을 부도덕한 섹스의 길로 인도했다면 어떻겠는가?
　저자는 모든 부모들에게 자녀들이 직면하고 있는 문제에 대응할 수 있는 확실한 전략을 제시하고, 더 나아가서 우리의 자녀들을 섹스에 대한 건전한 이해로 양육할 수 있는 효과적인 도구를 제공하고 있다.

조시 맥도웰의 책

나도 아버지를 닮고 싶어요
자녀에게 자존감과 목적의식을 심어 주는 열 가지 방법

조쉬 맥도웰 지음 / 박남용 옮김 / 13,000원

어떻게 해야 좋은 아버지가 될 수 있을까? 좋은 아버지의 완벽한 본은 하나님이다. 이 책에서는 하나님의 열 가지 성품들(진실함, 무조건인 사랑 등)을 소개하고 있다. 이 성품들을 닮으려 노력하다 보면 어느새 자녀들에게 좋은 아버지가 되어 있을 것이다. 그리고 자녀들로부터 이런 말을 듣게 될 것이다. "나도 아버지를 닮고 싶어요."